2025 세움북스 신춘문예 작품집

단편소설 · 수필

세움북스는 기독교 가치관으로 교회와 성도를 건강하게 세우는 바른 책을 만들어 갑니다.

세움 문학 08

2025 세움북스 신춘문예 작품집

단편소설 · 수필

초판 1쇄 인쇄 2025년 9월 25일
초판 1쇄 발행 2025년 9월 29일

지은이 | 이정숙 문지선 심추보 황철순 황재혁
 황정현 강해라 안지수 송현숙 이은주

펴낸이 | 강인구
펴낸곳 | 세움북스
등 록 | 제2014-000144호
주 소 | 서울시 종로구 대학로 19 한국기독교회관 1010호
전 화 | 02-3144-3500
이메일 | cdgn@daum.net

디자인 | 참디자인

ISBN 979-11-93996-60-7 (03230)

* 이 책은 신저작권법에 의하여 국내에서 보호를 받는 저작물입니다.
  출판사의 협의 없는 무단 전재와 무단 복제를 엄격히 금합니다.
* 책값은 뒤표지에 있습니다.
* 잘못된 책은 교환하여 드립니다.

세움 문학 08

2025 세움북스 신춘문예 작품집

단편소설 · 수필

이정숙   황정현
문지선   강해라
심추보   안지수
황철순   송현숙
황재혁   이은주

세움북스

제5회 세움북스 신춘문예

우리가 함께 만들어 가는 세움북스 신춘문예가 올해로 5회를 맞았습니다. 지난 5년의 시간 동안 세움북스 신춘문예를 응원해 주시고 참여해 주신 분들과 함께 만든 멋진 결과입니다.

아직은 미약하지만, 세움북스 신춘문예를 통해 기독교 문학의 새로운 생태계가 만들어져 가고 있습니다. 이 생태계를 통해 새롭고 참신한 기독교 작가들이 발굴되고, 그들의 새로운 작품들은 기독교 문학을 싱그럽고 풍성하게 하고 있습니다.

50명이 넘는 개인과 교회의 후원에 깊이 감사드립니다. 또한 60명이 넘는 기독교 작가분들의 도전에도 찬사를 보냅니다. 우리의 아름다운 연합으로 기독교 문학의 푸르른 시절은 한층 더 짙어지며 깊어지고 있습니다.

멈추지 않으면 역사가 됩니다. 같이 갑시다.

발행인 강인구

차례

단편소설 심사평		조성기	7
수필 심사평		송광택	9

단편소설

우수작	영원에 스며들다	이정숙	15
가작	그때, 나비가 날아와서	문지선	45
가작	누가 가져갔나요?	심추보	77
가작	천운	황철순	107
선외가작	비상 대책 당회	황재혁	137

수필

우수작	별이 된 유리 조각	황정현	171
우수작	환영(幻影)	강해라	187
가작	거룩한 낭비	안지수	195
가작	내 작은 창가에 촛불을 켜면	송현숙	209
가작	행복한 엄마가 되게 하신 하나님	이은주	229

2025 세움북스 신춘문예를 후원해 주신 분들

[개인]

기광서, 김미진, 김미희, 김사랑, 김선영, 김소희, 김우주, 김정숙, 김진경, 김한결, 김한나, 김혜진, 김효진, 박명찬, 박은경, 손정연, 유경숙, 윤미순, 윤한나, 이건, 이승희, 이신혜, 이화진, 이희도, 임하은, 정태영, 조성권, 천황성 부부(천성한, 황선영), 최향미 한태구, 해피홈(이송아, 강병찬, 강서정), 황지원

[교회]

고성중앙교회(김신구), 구세군부산교회(박근일), 다시사는교회(오성현), 더원교회(이채희), 더은혜교회(백은혜), 리빙처치(김민섭), 목포장로교회(전종득), 문화촌제일교회(김기수, 이다은, 김연수), 부림교회(신국현), 비전교회(김태희), 세빛개혁교회(최원일), 수지더사랑교회(이수환), 영동제일교회(강석훈), 온생명교회(안재경), 은혜의동산교회(김종원), 좋은나무교회(신재철), 창릉포도나무교회(최세영), 튤립교회(김현강), 하늘교회(강학종), 한빛교회(한미연), 한솔감리교회(김민철)

[기관 · 단체 · 사업체]

대림 바스플랜_사당점(박두용), 북서번트(이정우), 프리온(김현우), 피에스타 선교지원 연구소(권율), CCC(황경철), NOVA기독교교육연구소(이현수, 박세윤)

"진심으로 감사드립니다"

2025년 세움북스 신춘문예
기독교 단편소설 심사평

심사위원 조성기 작가
(소설가, 《1980년 5월 24일》 외 다수 저자)

    이번 공모에서는 총 26편의 단편 소설이 접수되었는데, 글솜씨는 뛰어나나 신앙 주제가 희미하거나 신앙 주제와 연결되지 않는 작품들이 많아 조금 아쉬웠습니다. 하지만 일반 단편이라면 훌륭한 작품으로 평가받을 수 있는 작품들도 꽤 있었습니다. 개와 돌을 의인화한 기발한 작품들도 있었는데, 신앙 주제를 살리는 착상으로는 무리한 점이 다소 있었습니다.

    관습적인 종교 용어를 과다하게 사용하는 작품들도 적잖이 있었는데, '물'이라는 단어를 가지고 영적 진리를 표현하신 요한복음 4장의 예수님처럼, 종교 용어를 절제하면서도 내면화된 언어를 통해 신앙 주제에 접근하는 지혜를 터득해 갔으면 합니다.

그중에서 수상작 네 편에 대한 심사평을 간단히 말하면, 우수작 〈영원에 스며들다〉는 문장력이 자못 빼어난 편으로 종교적 언어를 남발하지 않으면서도 내면의 변화와 신앙에 이르는 과정을 섬세한 언어로 설득력 있게 포착해 나가는 저력이 느껴졌습니다. 가작 〈그때 나비가 날아와서〉는 저자의 글솜씨가 우수하며, 어린 시절에 대한 추억을 배경으로 하면서 신앙의 회복을 '나비'라는 상징을 통해 자연스럽게 기술하고 있는 점이 인상적이었습니다. 그리고 가작 〈누가 가져갔나요?〉는 신선한 구성으로 정확한 선교 비전을 제시하고 있으면서도 단편 미학이 돋보이는 작품이었습니다. 또 가작 〈천운〉은 어려운 시대를 거치며 자신의 꿈을 이루려 했지만 결국 암에 걸려 죽음을 앞두고 있는 주인공의 심정과 신앙 회복을 진실하게 표현하고 있어 감동적이었습니다.

수상작은 아니지만, 격려하고 싶은 선외가작으로 〈비상 대책 당회〉를 꼽았습니다. 출생률 저하로 교회의 영유아부가 쇠퇴하고 있는 문제를 진지하게 다루고, 서로가 희생하는 가운데 해결책을 찾아가는 과정이 은근한 감동을 줍니다.

2025년 세움북스 신춘문예
기독교 수필 심사평

심사위원 송광택 목사
(출판 평론가, 한국교회 독서문화 연구회 대표)

이번 공모에는 총 34편의 수필이 접수되었으며, 전반적으로 신앙인의 삶과 신앙 체험, 가족과 일상 속의 감사, 고통을 통한 성숙이라는 주제가 많이 다뤄졌습니다.

응모 작품들은 대개 다음과 같은 장점들이 있었습니다. 첫째, 각자의 고백에서 진정성이 느껴졌고, 대부분의 작품이 허구가 아닌 삶의 실제 경험에서 비롯되어 독자에게 충분한 신뢰를 줄 만했습니다. 둘째, 소재가 다양했습니다. 가정, 교회, 질병, 죽음, 육아 등 폭넓은 삶의 경험이 글로 형상화되어 있었습니다. 셋째, 신앙적 색채 면에서 하나님과의 관계를 중심축으로 삼아 감정의 깊이를 더한 작품이 많았습니다.

그중에서 우수작으로 선정된 작품은 두 작품입니다. 우선 〈별이 된 유리 조각〉은 신앙인의 삶과 어머니의 사랑, 재창조의 은혜가 문학적으로 결합된 글로서, 매우 감동적이었습니다. 특히 폐품이 별이 되듯, 상처가 빛으로 승화되는 묘사가 인상 깊었습니다. 〈환영(幻影)〉은 여성으로 태어났다는 이유로 외면당한 아픔을 섬세하고도 시적으로 풀어낸 수작입니다. 개인의 기억과 감정이 사회적 맥락과 자연스레 어우러져 깊은 여운을 줍니다.

가작으로 선정된 작품은 세 작품입니다. 우선 〈거룩한 낭비〉는 상징적 설정과 초현실적 묘사가 종교적 은혜 체험으로 이어지며 독특한 매력을 형성했습니다. 다만 서사의 응집력이 조금 더 보완되었으면 하는 아쉬움이 있습니다. 〈내 작은 창가에 촛불을 켜면〉은 일상의 정경을 시적 감수성으로 녹여 낸 서정적 산문으로서, 사소한 것에서 존재와 의미를 끌어내는 필력이 돋보였습니다. 〈행복한 엄마가 되게 하신 하나님〉은 육아의 고단함 속에 녹아든 신앙의 힘을 따뜻하게 묘사한 작품으로서, 현실의 어려움을 담담히 고백하면서도 희망을 잃지 않는 시선이 돋보였습니다.

수필에 있어 더 나은 작품을 쓰려면 다음과 같은 점들을 고려하는 것이 좋습니다. 첫째, 일기체나 설교체에서 벗어나기. 이렇게 쓰다 보면, 자기 고백만으로 끝나는 경우가 많아 독자의 공감을 이끌기 어렵습니다. 따라서 문학적 거리두기, 상징과 서사의 설계가 필요합니다. 둘째, 서사의 구조를 탄탄하고 통일성 있게 해야 합니다. 도입-전개-결말의 흐름이 약하거나 주제가 산만한 경우가 다수 존재했는데, 기승전결을 갖춘 글쓰기 연습이 필요합니다. 셋째, 표현의 참신성 고민하기. 다소 진부한 문장이나 설교적 교훈으로 마무리되는 글이 많았습니다. 감동은 '말'이 아니라 '형상화된 체험'에서 나온다는 점을 인식할 필요가 있습니다. 넷째, 신앙의 '고백'과 문학의 '형상화'는 다르다는 점. 독자에게 울림을 주려면 개인의 체험이 '공감 가능한 형상'으로 나타나야 하며, 감정을 있는 그대로 드러내기보다는 절제와 통찰이 필요합니다.

1

단편소설

단편 소설
우수작

영원에 스며들다

이정숙

***

그랬을 것이다. 교회에 나온 지 이제 막 석 달을 넘기고 있는 성도에게 교회의 40일 특별 새벽 기도회는 그들 생각에 무리였을 것이다. 기도회가 시작되는 날이 한 달여의 여름방학이 끝나는 개학 첫날 월요일이었으므로, 나에게 있어서도 기도회 참석이 어려운 이유가 한 가지는 더 있는 셈이었다. 더구나 교회는 집에서 족히 30분은 차를 몰아야 갈 수 있는 위치에 있고, 교회라는 곳과 관계를 맺은 지 100일 정도의 시간밖에 안 된 나에게는 '새벽'이나 '기도'라는 단어가 나와는 거리가 먼, 교회의 한 행사로 들리기에 충분했다. 말하자면 나는 이제 막 태어난 지 백일 지난 어린아이였던 것이다.

"성도님, 6주 동안 하는 기도회니까, 참여하실 수 있으면 1~2주라도 해 보시면 좋을 것 같아요. 부담은 갖지 마시고요."

예배가 끝나고 교인들과 인사를 나누던 목사가 본당을 나가려는 내 쪽으로 얼굴을 돌리며 말했다. 부담 갖지는 말라며 가볍게 지나치듯 던진 그 은근한 권유의 말이, 나중에 기회가 많으니 성도님은 관심 갖지 않으셔도 된다던 전도사가 내려준 합리적인 결정보다 더 힘 있는 것이었을까? 광고 시간에 가졌던 마음과는 다른 마음이 고개를 들었다. 일종의 호기심 같은 것이었다. 인문학이나 독서 관련 강좌를 신청할 때라든지 새로운 주제의 연수에 등록할 때와 같은 설렘이나 기대감 같은 것이 이른 기상, 다섯 명 가족의 아침 준비, 개학 첫날이 갖는 번잡스러움을 밀어내고 내 마음에 자리 잡았다.

교회에 출석했던 석 달은 특별히 급한 일이 발생하지 않은 순한 일상처럼 조용히 흘러갔다. 그동안 성경이라는 텍스트에 들어 있는 이야기에 대한 해석, 관련 예화, 설교자의 경험, 그에 뒤따른 권유의 내용들이 질서가 잡힌 채로 혹은 뒤섞인 채로 청중을 향해서 던져지는 자리에, 나도 청중으로 있었다. 설교자의 '그 말'이 내 귀와 마음에 들릴 때, 마흔다섯 해를 살아오면서 가지게 된 삶의 명제들, 적당히 훈련되어 반질반질한 지성, 그리고 닳아지거나 다듬어져서 지나치게 예민하게 굴지 않은 나의 감성은 그 어느 때보다 날카롭게 날을 세웠다. 처음 듣게 된 그것들은 상식과 논리와 주장으로 빗대어지거나 해부되거나 비판당하지 않았다. 앎에 대한 열심과 미지의 세계를 향한 탐구 욕구 때문에 갖게 된 단단하고 고급진 내 귀와 마음이 감탄할 만큼 말솜씨나 마음을 울리는 호소력을 가진 것도 아니었고, 오히려 맥락 없이 들리기조차 했던 일화들이 섞여 있었던 설교의 '그 이야기들'은 스펀지에 물이 빨려 들듯 아무 거부감없이 나에게 스며들었다. 거칠지 않고 부드러우며, 뾰족하지 않고 유순하여, 마음과 정신에 스며드는 데 무난해서였을 수 있다. 잘 알지 못하는 내용이 대부분이었을 테니, 모든 것이 새로워서 건성으로 들을 수 없었던 그 말과 이야기들은 내 뇌리에 새로 방을 만들고 하나둘씩 자리를 잡았다. 애매한 감정이기는 했으나 그 시간에 나는 편안했고 묘한 충일감을 느꼈다. 그 감정들은 오래 지속되는 감동처럼 일상의 차분함 속에도 밀려들었다.

그 첫 새벽 기도회에서 나는 '목적'이라는 단어를 여러 차례 듣게 되었다. 40일 여정의 테마는 '삶의 목적 찾기' 혹은 '그것에 이르기'라고 생각되었다. 자신은 물론 타인과 세계에 대한 몰이해로 인한 혼란과 방황의 소년기로부터, 현실에서 맞부딪힌 불의와 부조리와 불공정을 경험하며 좌절과 무력감에 빠졌던 청년기를 지나, 이제는 삶에 대한 기대와 희망 따위의 문제는 희미해져 버린 시기, 달아나는 시간을 따라잡기도 힘들어서 다른 생각은 할 겨를도 여유도 에너지도 없는 이런 시기 이 새벽에, 삶의 의미를 찾아 걸었다. 마음 한편에서 남모를 웃음이 피식 새어 나왔다. 그러나 그 웃음 끝에 따라붙는 희미한 설렘을 나는 놓치지 않았다.

다소 현학적인 관심과 오만한 지성을 앞세우고 듣던 내 뇌리에 실마리처럼 던져진 단어는 '신', 그러니까 인생의 목적과 '성서의 신'과의 관련성이었다. 그것을 찾게 되는 인생에게는 지금까지와는 다른 소망이 생기고, 그 소망은 새로운 힘으로 그 인생을 이끌어 간다는 것. 그는 깊고도 영원한 참기쁨에 참여하게 된다.

추상적이어서 현실감 없는 꿈 같은 결론을 설교자는 쉽고 가볍게 발설했다. 진지함도 벅찬 감동도 느껴지지 않아 그냥 읽어 내리고 있는 듯한 '그 말'은 잠이 덜 깨어 흐릿한 머릿속으로 파고들었다. 정신이 채 깨어나지 않아서 숙연한 분위기를 만들며 앉아 있는 사람들처럼 약간은 몽롱한 상태일 것 같은 설교자의 입에서 나온 말은 그다지 확신에 차지도 강하지도 않아서 심드렁하게 들렸지만, 그 내용은 충분히 흥미로웠다.

각자에게 부여된 삶을 각기 방향을 정하고서 그에 따라 살아가는 것이 인생 아니던가. 삶이 허락한 최선이었던 시간들이 나를 어떤 목적지에 이르게 했나. 삐걱거린 삶에 얼마나 많은 궤도 수정이 필요했던가. 세상이 가르쳐 주었거나 내가 거머쥔 논리가 머리를 쳐든다. 위선과 모순투성이의 이생에, 경쟁과 욕망과 이기심 때문에 살아갈수록 더 축적되는 불안과 피로감과 냉소가 가득한 이곳에, 우리가 지금 손에 쥔 일시적이고 소소한 것들을 넘어서 있는 어떤 것이 있다.

어쨌든 설교는 이 세계에 첫발을 내디딘 나 같은 이와 이곳에 뿌리를 내리고 살고 있는 청중을 향해 선포되었다. 새벽 공기를 가르며 나와서 자리마다 다소곳이 앉아 있는 저들은 자신이 도달해야 할 목적지를 찾았을까? 나와는 다르게 확신에 찬 소망이 이끄는 삶의 길에서 참된 기쁨을 누리며 살고 있어야 하지 않을까? 아파트 화단에 숨어 있던 어둠은 남아 있지 않았다. 간판의 네온 빛도, 지나는 자동차의 헤드라이트도, 가로등 빛도 그 빛을 거두어들이고 없었다.

개학 첫날의 학교는 시끄럽고 어수선했다. 몇 주 동안 쌓인 책상 위의 먼지를 닦아 내거나, 서랍 속을 정리하거나, 여기저기 모여 한 달여의 회포를 나누는 사람들로 교무실은 그야말로 북새통이었다. 교실에서 만난 학생들은 들썩들썩 활기 있게 보였지만, 2학기 수업 계획표를 나눠 주고 한 학기 독서 목록과 평가 방향을 설명할 즈음, 노곤하게 풀리는 눈이 되어 고개를 숙이는 아이들이 늘어났다. 보충 수업 기간을 빼고도 3주 정도를 학기 중과는 다른 시간표를 살았을 아이들이 첫날부터 7교시의 수업을 소화하기는 쉬운 일이 아니었을 것이다. 그것은 나도 마찬가지였다. 더구나 하루를 여느 때보다 일찍 시작했으니 몸은 축 처져 가라앉을 듯하고 머릿속은 멍해 집중이 되지 않았다. 그날 내가 다른 이들과 구별되는 게 있었다면, 수업이 비어 있는 시간에 2층 도서실 유리창 너머로 교문에서 본관을 향해 올라오는 낮은 언덕길과 그 길옆에 늘어선 리기다소나무의 푸른 가지 끝을 바라보다가 내 뇌리에 새로 입력된 '그 말'을 끄집어내 보는 일이었다. "만물이 그에게서 창조되되", 그 만물 중에 나도 들어 있으니…. 피조물, 창조 행위, 간극….

신적 존재와 관련된 성구들로 몇 번의 새벽 설교가 연속된 후에 인간의 시작과 본성에 대한 이야기로 이어졌다. 그 새벽 걸음이 가야 할 도달점이 사람의 존재 목적이었으므로, 그것은 자연스러운 것이었다. "우리의 형상대로 사람을 만들고", 회중석 어딘가에서 자그마한 소리로 동의가 표해졌다. "아멘." 그곳에 모인 이들에게 당연하게 이해되고 받아들여지고 있는 그 말에서 경험하지 못했거나 인식하지 못한 사실이나 정의에서 머뭇거리는 나의 지성은 어설프게 머리를 굴렸다. 신의 형상, 실재하지만 보이지 않는 영적 존재의 형상과 모양대로 지음받았다? 저들에게 있고 나에게도 있을 신의 형상. 내 생각은 멈춰 섰고, 그래서 앞으로 더 나아가지 못했다. 내 앞에서 설명되는, 아니 선포되는 '그 말'에 대한 나의 태도가 잘못된 것 같다고 생각했다. 오래전 내가 들은 교회에 대한 몇

안 되는 말 중 하나에 의한다면 그랬다.

"이것은 차원이 다른 이야기야. 우리의 이성과 관념 이런 것들로는 이해하기 어려운 문제야. 그냥 받아들여야 해. 시간이 흐르면 믿음이 생기게 되는 것 같아."

그 말대로라면 나는 차원이 다른 것을 내가 가진 차원으로 끌어내려 이해하려고 하는 것이었다. 경청하는 방법이 잘못된 것이라고 교만한 내 태도를 속으로 나무랐다. 자잘한 의문을 떠올리다 자답하고 자책하던 나는 스스로에게 물었다. '아무도 강요하지 않았는데, 나는 왜 이 새벽에 여기에 있는가?' 그러나 그 질문은 곧, '나는 무엇이 알고 싶은가'로 바뀌었다.

***

'내일 새벽에도 그 선생님 나올까?' 새벽이 일주일을 지나고 있었다. 영미는 '처음 며칠 나오다 말겠지' 했던 사람들이 기대 섞인 호기심으로 나를 지켜보고 있다고 전하며 호호 웃는다. 나를 처음 본 날의 일을 기억하고 있거나 들었던 사람들은 관심을 가지고 있을 터였다.

교회에 처음 간 날 점심 식사 자리에서 난생처음 본 '목사'라는 사람 앞에서 나는 몇 개월째 슬럼프를 겪고 있다. 특별히 힘든 일도 없고, 평소 스트레스를 잘 이겨 내는 성격인데, 성격 운운하며 의사에게 증상을 설명하는 환자처럼 묻지도 않은 근황을 눈물까지 흘려 가며 줄줄이 늘어놓았으니, 두 개의 방으로 이어진 교회 식당에서 식사 중이던 교인들이 그 광경을 힐끗거리며 눈여겨보는 것은 당연한 일이었다. 몇 가지 반찬과 국과 밥이 놓인 탁자를 사이에 두고서 그날 나를 교회로 오게 했던 영미와 내 앞자리에 앉은 목사는 내 눈물 섞은 이야기를 다 듣고 나더니 시간 괜찮으면 곧 오후 예배가 있으니 참석하고 가라고 했고, 나는 오후에도 한 회중석을 차지하고 앉아 예배라는 경험 속에 나를 두었다.

영미네 둘째 아들 생일에 초대되어 간 아들을 데리러 간 것은 저녁밥을 먹고 난 뒤였다. 애들은 잘 놀고 있으니 천천히 데리러 오라던 영미는 집 부근에 왔다고 전화했더니 근처 카페 이름을 알려 주며 그곳으로 오라고 했다. 카페에 들어선 나에게 손을 들어 올리며 아는 체를 하던 영미는 내가 자리에 앉자마자 의아해하는 표정을 감추지 않고 얼굴을 뚫어져라 쳐다봤다.

"얼굴이 안 좋아 보이네. 왜? 무슨 일 있었어?"

얼굴에 무슨 티가 나나 확인이라도 하려는 듯, 손바닥으로 양 볼을 감싸며 유난히 까칠해 보인다며 걱정하는 영미의 맞은편 자리에 앉았다.

"음…. 좀 안 좋아. 마음이 가라앉아서 회복이 되질 않네. 신경이 많이 쓰여."
"…."
"특별히 마음 쓸 일이 있지는 않았는데…."
"별일이네."

내 대답을 듣고 안쓰러운 눈빛으로 쳐다보는 영미에게 제어가 안 되는 마음 상태, 안에서 솟구쳐 올라오지만 무엇인지 알 수는 없는 그 마음, 그리고 그즈음에 찾아온 생각지도 못한 일들에 대해 어렵지 않게 이야기가 터져 나왔다.

"저녁 식사 안 했으면 나올래요? 우리 아파트 후문에 있는 그 식당…. 거기로 와요."

같은 동네에 사는 음악 선생은 미술 선생, 수학 선생과 함께

였다. 테이블에는 식사 대신 회무침과 나물 같은 안줏거리와 술이 놓여 있었다.

"뭐 먹을래요, 식사?"

둥그스름한 얼굴 윤곽 때문에 귀여운 이미지를 풍기는 또래인 음악 선생이 술을 잘 못 마시는 내 앞으로 매운탕과 밥을 주문해 주었다. 학교 이야기와 아이들 이야기, 소주에 어울리는 계절 안주 얘기며 하잘것없는 주제들이 술잔 사이사이를 돌다가 옆자리의 말소리에 묻혀 멈췄다가 다시 이어지고는 하던 참이었다. 눈 속에 고여 있던 눈물이 참지 못하고 흘러내린 것은…. 모인 사람들이 나누던 대화 내용과 아무 연관이 없는 눈물이어서 그들은 내 눈물에 당황했다. 내 의식이 어딘가로 벗어나 있다가 돌아온 참이라면 최소한 슬픔에 빠질 만한 무엇인가를 보거나 만나야 했는데, 내 의식의 표면으로 끌어올릴 만한 어떤 흔적도 발견할 수 없어서 나 스스로에게도 황당한 눈물이었다.

"뭐야, 왜? 무슨 일 있어요?"
"…."
"왜 그래요?"

음악 선생은 놀란 듯 눈을 동그랗게 뜨고서 재차 물었고, 적당히 취기가 올라 발그레한 얼굴들이 나에게로 향했다.

"아니에요. 아무 일 없어요. 신경 쓰게 해서 미안해요."
"세상에, 종일토록 그렇게 씩씩하게 생활하더니…. 뭔 일이데!"

학교가 대외 행사로 바쁘기도 했지만, 학교에서는 그런 낌새를 좀체 보이지 않았기 때문에 퇴근 후에 만난 내 모습에 그들이 놀라는 것은 무리가 아니었다. 기분 좋은 분위기를 깨는 것 같아서 나는 내 감정을 추스르려 노력했다. 소주를 몇 병 비우고 생선탕에 밥을 조금 먹은 그들은 술을 깨야 한다며 2차로 맥주와 커피가 나오는 근처 카페로 옮겼다. 그리고 한 시간여를 더 횡설수설하며 수다를 떨다가 우리는 밤늦게야 헤어졌다.

그 일이 있고부터 그런 일이 빈번히 발생했다. 상황에 맞지 않은 엉뚱한 행동으로 같이 있는 사람들을 당황하게 만든 그런 일들이 혼자 있는 시간에는 더 자주 일어났다. 내가 의식할 수 있는 한, 나와 내 주변에는 평상시와 다른 어떤 변화도 없었다. 나를 자극해서 감정의 밑바닥으로 떨어뜨릴 어떤 일도 일어나지 않았다. 하지만 퇴근하고서 아파트 주차장에 도착해 시동을 끄다가도 슬픈 감정이 나를 덮쳤다. 듣던 음악이나 방송 내용 때문도 아니었고, 그날의 어떤 일이 마음속에 남아서 나를 흔들고 있나 의식을 뒤적거려 봐도 특별한 것이 잡히지 않으니, 그런 종류도 아닌 것 같았다. '가슴 깊이 억눌려 있던 어떤 설움이나 그리움, 억울함이나 분노 같은 것들이 터져 나온 것이 아니라면 나와 연결된 누군가의 슬픔이 나에게 전해져 같은 감정 상태에 들어가게 된 것일 수 있지 않을까?' 내가 생각해 낼 수 있는 원인은 거기에서 그쳤다. 어쨌든 나는 그런 상황이 오면 마음이 눌린 채 집중하지 못하거나 눈물을 지나치게 흘려 머리가 띵해지거나 기진할 지경이 되곤 했다. 하교해서 이미 집에 와 있을 애들을 그런 얼굴로 볼 수가 없어서, 친하게 지내던 이웃에게 가서 진정될 때까지 있기도 했다.

"너, 그러다 우울증 된다."

원인은 알 수 없었지만, 결과에 대해서 말해 주는 사람은 있었다.

그렇게 이유를 알 수 없는 눈물과 슬픈 감정이 자주 옴짝달싹 못 하게 일상을 지배한 지 2개월쯤 지나고 있을 무렵, 예기치 않은 생각이 찾아왔다.

"이상한 마음이었어. 바닥에 떨어진 나를 무언가가 꺼내 줄 거라는 예감이 드는 거야. 누군가가 구해 줄 거라는…. 맞아, 이해는 잘 안 됐지만, 구해 줄 거라는 그런 의미였어."

영미는 말없이 커피를 홀짝이며 내 이야기에 귀를 기울였다.

"그러던 중에, 이상한 일들이 있었어."

그 무언가가… 어딘지는 모를 그곳에서… 나를 빼내 줄 것 같다는 동화 속 이야기 같은 마음이 찾아온 지 얼마 지나지 않아 누군가가 찾아왔다.

"박 선생님, 저 기억하시겠어요?"

도서실로 안내되어 올라온 어느 남자의 햇볕에 그을린 듯한 까무잡잡한 얼굴은 무척 피곤하거나 어딘지 아픈 사람처럼 보였다. 봄날의 변덕스러운 날씨에 입기에는 좀 얇은 홑겹 점퍼 차림의 그는 자신이 내 대학 동기라고 했다. 2학년 초반에 군대에 갔고 다시 복학했지만, 사범대 졸업은 하지 않았다고 했다. 원래도 사람을 잘 기억하지 못하는 내가 같은 학과의 학생, 그것도 수업을 거의 같이 받지 않았을 그를 기억하는 것은 쉬운 일이 아니었다. 더구나 그러기에는 너무 오랜 시간이 흘러 있었다. 그는 서가에서 책을 빼서 책장을 넘기다 제자리에 꽂기를 반복하며 한참을 서가 앞에서 서성였다.

"학교가 조용하네요. 도서관에서 내려다보는 전망도 좋고요."

종이컵에 담긴 커피를 받아 들며 그가 가벼운 웃음을 지었다.

"선생님은… 신앙생활은 하고 있나요?"

소파에 앉으며 그가 물었고, 나는 "아니요"라고 하며 고개를 가만히 저었다.

"실은, 저는 사범대 졸업을 포기하고 신학교에 갔습니다. 마음에 품고 있던 길이어서…."

그는 담담한 목소리로 자신의 이야기를 들려주었다. 신학교를 졸업하고, 같이 공부했던 한 신학도의 제안으로 협동 목회로 교회를 시작했단다. 작은 교회였지만 뜻이 잘 맞는 사람들과 가족 같은 분위기에서 목회하며 행복하게 지낼 수 있었다고 했다.

"결혼하고서 아이도 생기고 교인들도 늘었는데…."

그는 하던 말을 멈추고 남은 커피를 마저 마셨다. 고향이 어딘지는 정확히 말하지 않았지만, 이번에 고향으로 내려오게 되었다고 말했다. 고향행에 대한 이유는 말하지 않고, 그는 이어서 '사명'이니 '각오'니 '후원'이니 하는 말을 했다. 그러나 그에게서 '사명'이니 '각오'니 '후원'이니 하는 단어가 원래 풍기게 마련인 어떠한 열정의 마음도, 목적하는 바를 위한 간절함이나 상황을 벗어나기 위한 절박함도 전혀 느껴지지 않았다. 그의 난처해하는 듯 머뭇거리는 태도 때문일 거라고 이해했다. 그는 전화번호, 계좌번호, 이름이 적힌 쪽지를 건네며 다시 보자는 말을 하고서 도서실을 나갔다. 그가 남기고 간 쪽지의 숫자와 이름을 눈으로 훑으며 투명한 하늘 아래 오후의 바람에 흔들리고 있는 신록의 잎들 사이로 흐느적흐느적 내려가는 큼지막한 가방을 멘 그의 모습을 내려다보았다. 그가 하려는 것이 정확히 무엇인지, 내가 해야 할 일이 무엇인지에 대해 알 수 있는 게 없었다.

정돈 안 된 흐트러진 마음에 또다시 무언가가 다가온 것은 그 수상한 방문을 받은 지 얼마 지나지 않아서였다.

"은주야, 잘 지냈어?"

소식이 뜸하던 고등학교 동창이 전화를 걸어온 것은 오랜만의 일이었다.

"요즘 주말에 바쁘니?"

도심에서 조금 벗어난 한적한 동네에 한옥을 지어 놓고, 채소를 기르고 꽃을 가꾸며 한가롭게 지내고 있는 친구였다.

"내가 예전에 말한 적 있을 거야. 우리 집에서 기공 수련 모임하고 있는 거…."
"…."
"주마다 모임하고 있는데, 좋은 사람들 많이 모여. 한의사도 있으니 건강 체크하기도 좋고…. 괜찮은 모임이어서 같이하자고 전화했어."

친구는 이번 주에 올 수 있는지 전화한 용건을 머뭇거림 없이 이어 갔다. 뒤숭숭한 마음을 어떻게든 벗어나고 싶기도 했고, 상황 전환이 되려면 새로운 것에 마음을 열 필요가 있다고도 생각했기 때문에, 친구의 권유는 그녀의 표현대로 괜찮을 것 같았다.

"그래, 좋을 것 같다. 남편하고 상의해 볼게."

건강에 이상이 있어서 이러나, 심리적인 문제가 아니라 몸의 이상 때문에 그런지도 모른다고 염려가 되기도 했었다. 친구의 남편이 기공 수련을 한 뒤로 건강이 많이 호전되었다는 이야기를 들은 적이 있기도 해서, 내가 어딘가가 아프다면 이런 기회에 치료하게 되지 않을까 싶기도 했다.

두세 달에 걸친 내 심리 상태와 경험을 조용히 고개를 끄덕이며 듣던 영미는 카페 문을 닫아야 할 정도로 시간이 늦어졌을 때 깊이 가라앉은 목소리로 말했다.

"그래, 끝에까지 와 있는 거야."

무슨 뜻인지 알 수 없는 혼잣말을 하고 나서 영미는 이렇게 말했다.

"내일 아침 교회로 애들 데리고 갈 테니까 교회로 아들 데리러 와라. 11시야. 주소는 보낼게."

잠잘 채비를 해 버린 아들을 데리고 가기에는 너무 늦었으니 내일 데리러 오라는 것이었고, 오는 김에 교회로 오라는 그녀의 제안은 여러모로 합리적이며 합당한 것이었고 거부할 이유가 없어, 나는 그렇게 하겠다고 했다. 그래서 나는 다음 날 아들을 데리러 교회에 가게 되었다. 교회를 찾는 데 생각보다 시간이 더 걸려서인지 예배당은 사람들로 가득 차 있었다. 비어 있는 자리를 찾아 들어가느라 사람들을 불편하게 해서 미안하다고 생각하며 예배당 가운데쯤에 있는 빈자리에 앉았다. 그즈음, 친구들 혹은 친한 이웃들이나 선생님들 앞에서 부끄러운 줄도 모르고 눈물을 훔친 것처럼, 처음 보는 목사와 교인들이 쳐다보고 있는 자리에서 주체하지 못하고 눈물을 터뜨린 사건은 그렇게 만들어진 것이었다.

***

새벽 기상이 습관이 되어서인지 낮 동안의 활동에 그다지 영향을 주지 않던 어느 날, 나는 내 사전에 들어 있던 그 '형상'을 이해할 것 같았다. 그것은 "그 율법이 완전하여 영혼을 소생"시킨다는 구절에서였다. 진리인 그 율법은 인간의 불완전한 언어와는 다르게 살아 있다는 것이었는데, 살아 있으므로 역동적으로 역사(役事)하고 우리의 정신과 영혼의 깊은 곳, 육체와 같은 물질에까지도 영향을 준다는 것이었다. 그렇게 세상과 인류의 기원에 관한 이야기를 읽으며, 그 단어가 가지는 새로운 느낌 때문에 내 뇌리의 방에 기억해 둔 '생령'이라는 어휘와 함께 해석 가능한 어떤 것이 되었다. 나의 사전에 '영혼'이라는 단어는 없었다. 그것은 내가 알지 못하므로, 최소한 내 사전에는 존재하지 않는 알 수 없는 어떤 것이었다.

설교자의 의도대로 제대로 인지했는지는 알 수 없었지만, 나는 '영혼'에 대해 어느 정도 받아들여지는 마음이 되었다. '그 율법'이 '영혼'이라는 인간의 어떤 요소를 되살아나게 한다는 것이었는데, 그것은 어디까지나 내 주관적 해석이었겠지만, 알 것 같았다. 그날의 깨달음은 한 조각 퍼즐이 미완성인 그림판의 한 부분에 맞춰지면서 윤곽을 드러내는 것처럼, 존재의 숨겨졌거나 비밀스러운 어떤 영역을 알 것 같은 순간이었다. 물론 중요하고도 의미 있는 사실을 조금 알았거나 캐내었거나 깨달았거나 했겠지만, 막연하고 확신이 서지는 않아서 발화도 감탄도 할 수 없는 마음이기는 했다. 하지만 내가 받아들이게 된 것은 그 단어가 가지는 나와의 관련성에 대한 중대한 어떤 것이라고 여겨졌다. 인간의 어설픈 언어에도 힘을 얻거나 정신의 지향점을 찾기도 하고, 그에 의해서 살아 내기도 하지 않던가. 사람의 정신이 배어든 말의 능력을 믿었기에, 사람들은 그것을 읽고 쓰면서, 적용하며 살지 않았던가. 영감에 의지해 그 일을 한다고 하지 않았던가. 하물며 어찌 그것이 가능하지 않겠는가! 아멘, 마음 깊은 동의가 입안에 머물렀다. 그것은 새벽을 3주쯤 지낸 어느 날이었다.

주방 싱크대 위 형광등 하나를 켠 채 자기 전에 챙겨 둔 옷을 조심스레 주섬주섬 입고 있는데, 잠이 깬 남편이 멀건 눈을 하고 거실로 나온다.

"이렇게 비 오는데 교회 가려고? 적당히 하지."

공동 현관 유리문 밖으로 비가 제법 세차게 내렸다. 우산을 미처 준비하지 못한 나는 성경책이 든 가방을 어깨에 걸치고 주차장에 세워 둔 자동차를 향해서 달렸다. 잘못된 행동을 하다 들킨 사람처럼, 아무 대꾸도 하지 못하고 급하게 집을 나서느라 우산을 챙기지 못한 자신에게 화가 났다.

'좀 지나치지 않냐고? 꼭 이렇게까지 해야 하냐고? 내가 뭘 했다고…. 뭘 잘못했는데….'

이어서 든 생각, '무엇 때문에 나는 이렇게 열심을 부리나',

'나 자신도 확실하게 알지 못하는 것을 어떻게 이해시키겠는가'라는 대꾸인지 반문인지 모를 그 생각은, 비 오는 첫 새벽에 부스럭대며 스스로의 잠을 흔들어 깨우고 가족의 잠을 방해하면서까지 그 길을 오가는 나를 향한 비난인지 충고인지를 덮어 버리기에 충분했다. 비가 내린 탓인지, 희미한 불빛 아래 띄엄띄엄 자리 잡고 앉은 사람의 수는 보통 때보다 더 적어 보였다.

"망각의 땅에서는 알 수 없으니." 설교자는 그 땅을 태초의 자리에서 떨어져 나온 '망각의 땅'이라고 했다. 처음의 자리를 잃어버리고 잊어버린 자들이 모여서 사는 그 땅은 어둠에 덮여 있고 혼돈이 일상화되어 있는 황폐한 곳이었다. 공상 영화 속 장면들이 나의 머릿속에 선명히 그려졌다. 산과 건물과 동네가 무너져 형체를 잃었다. 폐허가 된 그 터전은 곳곳이 불타오르고 끊임없이 흔들렸지만, 그 속에는 여전히 사람들이 살고 있었다. 설교자가 전하는 '그 말'은 나의 내면 깊숙이 닫혀 있던 한 세계의 구절들과 만났다. 끊어진 마음들, 닿을 수 없는 거리. 놓쳐 버린 시간과 잃어버린 기쁨, 공허의 끝…. 그 망각의 땅은 내가 알고 있던 땅이었다.

교회 현관을 나서니 계단 위 양철로 된 덮개 위로 후드득후드득 소리를 내며 굵은 빗줄기가 떨어지고 있었다. 집으로 돌아가는 길, 자동차 앞 와이퍼가 신경질적으로 이쪽저쪽을 오

가며 내리치는 비를 쫓는다. 내 마음 가득한 불온한 단어들은 금방이라도 어두운 그늘로, 죽음으로, 영원한 망각으로 나를 끌어내릴 듯 지배하고, 나는 쫓겨난 땅 한 모퉁이에서 위태롭게 흔들리고 있는 상상을 하며 비 내리는 도로 위를 달렸다.

비는 종일 멈추지 않고 쏟아졌다. 운동장 가장자리 몇 군데는 조그만 웅덩이가 만들어졌고 하늘을 향해 높이 가지를 펼친 소나무는 흠뻑 젖은 채 잿빛으로 어두워져 있었다. 그 흑암의 땅은 우리가 살고 있는 이 세상을 향해 일컬어지고 있었다.

그 거주민들은 자신들이 사는 세계의 이면을 알지 못하거나, 그것이 존재한다는 사실조차 알지 못한 채 살아가고 있다. 망각의 늪에 빠져 있으므로 떠나온 땅을 잊었다. 어둠에 갇혀서이고 어둠뿐이므로 거류하는 땅과 자신들을 보지 못한다. '등불을 켜는' 존재가 그곳에 등불을 켜 들기 전까지는…. 그 불빛이 땅 위를 비추어 사물을 붙잡고 존재에 들러붙어 있는 어둠이 물러가기 전까지는, 아름다운 음악처럼 빛이 퍼지기 전까지는, 빛의 존재도 자신들의 어둠도 깨닫지 못한다. 영혼의 어두운 시간. 생명의 빛, 사랑의 나라로 옮기셨으니…. 그리고 내 안에 닫혀 있던 오래된 단어들 아래 '망각의 심연에서 건져 올린 말들'이라고 새로운 의미를 부여한다.

9월 중순의 새벽은 간절기용 카디건을 걸쳐야 할 정도로 기온이 낮아졌다. 바깥 공기가 잘 차단된 실내는 온화하다. 설교자의 기도가 끝나자 천장의 불빛이 뒤쪽에서부터 하나둘 꺼지더니 사방이 껌껌한 어둠에 잠긴다. 플루트의 깊고 은은한 음색이 피아노의 맑고 서정적인 선율과 부드럽게 어우러져 본당을 가득 채우고, 내용을 알 수 없는 작은 읊조림과 간절한 부름과 숨죽인 흐느낌이 어둠과 사람들 사이에 섞이거나 그 위 어딘가로 울린다.

"너를 지으며 너를 모태에서 조성하고…"

부드러운 숨결 같은 그러나 낮고 깊이 울리는 목소리가 들려온다. 내 안 어딘가에서 울려 나오는 것처럼 생각된 그 소리는 설교단 어디쯤에서 퍼져 나오는 것 같기도 하고 바로 곁 어둠 속 허공에서 들리는 것 같기도 하다. 실재하는 음성으로, 형체로 감지되는 대상을 향한 경이로움이 나를 감싸자, 가슴 벅찬 감동이 밀려왔다. 어떤 의미인지는 알 수 없지만 나는 두 손을 들어 올렸다. 내 뇌리의 낡고 빛바랜 방의 문이 열리고 너무 오래되어 잊었거나 기억하고 싶지 않아서 잊고 있었던 음성이 들린다. 그리고 희미한 얼굴이 지나간다. 완전에의 희구, 아무도 불가능한 것이라고 가르쳐 주지 않았던…. 무력함과 철저한 고립의 시간. 흐르는 자리마다 맞닥뜨린 삶의 진실

혹은 허구성. 사랑하는 것들을 향해 던져진 죽음의 역설.

"너를 도우리라."

그 새벽에 두 손을 높이 들게 하고, 마음의 깊은 동굴 속 쌓아 둔 기억을 끄집어내게 하고, 울음을 토해 내게 한 '그 음성'은 나에게 보내온 위로였다.

"내가 그때 너를 붙잡았다. 흐르는 자리마다 내가, 너와, 함께 있었다."

주권적인 창조와 창조 주인의 섭리. 나를 조성한 이만이 알고 있고 해결할 수 있으며 온전에 이르게 한다는 그 목소리를 받아들이고 있는 나를 발견했다. 자책과 후회와 안도감이 섞인 소리죽인 울음과 함께 지난(至難)한 시간의 의미와 존재의 이유가 설명되는 순간을 나는 하나의 방에 기록했다.

***

그 새벽을 지낸 이후에 나의 새벽은 달라졌다. 새벽의 기도

자리에서 눈을 감으면, 내 몸에 달라붙은 먼지와 내 안의 온갖 오염된 찌꺼기들이 씻겨 나간 듯 깨끗해진 나를 느낀다. 세상을 향한 사랑과 욕망, 사람에 대한 집착과 미움을 벗어 버린, 자신에 대한 연민조차도 희미해져 가벼워진 내가 된다. 세상의 소란스러움과 고통과 상실과 눈물이 사라진 곳에서, 낡은 추함과 오랜 우둔함을 벗고 정갈한 모습으로 서 있는 나를 만난다. 나는 새 옷으로 곱게 단장하고 시원(始原)이거나 궁극이거나 영원인 시간으로 끌어올려진다. 영원의 시간에 어울리는 정결한 영혼이 된 채 기도하는 시간을 갖게 된다.

  집으로 돌아가는 자동차에서, 도로 위에 정차한 차 운전석의 미세한 움직임에서, 상가 건물과 간판들 아래 아침을 준비하는 열린 가게와 인도 위를 종종거리며 걷는 몇몇의 얼굴들에서, 문득 나는 내 사전에 새로 실린 '그 말들'을 묵상한다. 리기다소나무 곁을 지나 본관을 오르는 출근길 낮은 언덕에서도, 올려다보이는 2층 도서실의 닫힌 유리창에 반사된 아침햇살의 고요 속에서도, 교무실과 복도와 교실에서 마주치는 얼굴들과 그 눈빛 속에서도 '그 말들'을 만난다. "이전 것은 지나갔으니", 그 안에 있음으로 새로워진, 내게 옮아온, 조에(zoe).

  "모든 백성이 그의 영광을 보았도다"(시 97:6). 그래서 나도 그 영광을 보았을까? 불완전한 내가 절대 온전히 알 수 없는, 어떤 언어로도 형용할 수 없는, 그 이름의 수효를 다 헤아려 알 수도 없는, 그런 존재의 높음과 심오함과 본성과 그 의미들을, 빛나고 위대하고 아름다운 그 빛을 모든 백성 중 하나인 나도 본 것일까? 또한 나는 "그 영광을 내게 보여 주소서"라고 하는 기도의 소리를 갈망하며 내 입술로 고백하고 있는 것을 마주한다. 나와 우리에게서, 온 세계 위에 '그 영광이 높아지기를' 기도하는 나를 본다. 나를 창조한 존재의 목적대로 살아가기 위해, 그 거룩함을 만나기 위해 그 영광을 사모하며, 그 존귀함과 영광스러움을, 그의 신비롭고 놀라운 일들을 작은 소리로 읊조리는 시간을 갖는다. 아침이 열리고 있던 그 시간에….

교회의 특별 새벽 기도회. 하루를 남기고 있던 새벽에 본당의 기도 자리에서 몸을 일으킨 나는 주차장에 세워 둔 자동차에 바로 몸을 싣지 못한다. 아침 빛이 퍼지고 있는 교회 앞 인도 쪽으로 걸음을 옮긴다. 가로등은 이미 그 빛을 꺼뜨린 채였다. 어둠이 다시 몰려오는 시각에 자신의 주변부터 밝히며 되살아날 그 빛은 이 동네에 어둠이 남아 있는 한 어둠을 몰아내는 제 역할을 할 것이었다. 도로 아래 서두를 것 없는 하천이 천천히 낮은 쪽으로 흐르고, 초록의 키 작은 나무들과 촉촉이 젖은 풀잎이 밤새 웅크린 몸을 털며 아침을 맞고 있었다. 4차선 도로 건너편 아파트들 사이로 떠오르는 해와 함께 하늘이 환하게 밝아 온다. 어느 곳에도 있었을 그 하늘이 이역(異域)에서 만난 하늘인 듯 새롭게 다가온다. 몇 대의 자동차는 헤드라이트 불빛을 앞세우고서 느릿하게 지나고, 어떤 차들은 서둘러 목적지로 향하고 있다. 그동안 듣지 못했거나 혹은 알아듣지 못했던 많은 이야기를 아주 또렷한 소리로 들었다는 생각을 하며 교회 앞 도로변에서 아침이 열리는 것을 조금 오래 바라보았다.

"성도님, 이번 주보에 실을 글 하나 써 주실 수 있을까요? 시간이 안 되면 어쩔 수 없지만요…."

40일의 마지막 날 오전에 교회 전도사는 말꼬리를 흐리며 주보의 한 면 정도로 분량이 많지 않아도 된다면서 전화를 걸어왔다.

그랬을 것 같다. 주일 낮 시간을 빼고는 교회에서 볼 수 없었던, 겨우 석 달 된, 여러모로 자신들이 보살피고 챙겨야 했던 어린아이 같은 성도가 40일 동안 보였던 모습에 궁금증을 갖는 것은 당연했다. 설교단에서 전해지는 '그 말들'과, 하나의 텍스트를 중심으로 돌아가는 질서와 관계들, 그 모든 것에 겉돌고 미숙해 보였던 그의 내면에 40일 동안 무엇이 자리 잡았을까? 무엇이 그렇게 그를 집중하게 했을까? 그들만 궁금한 것은 아니었다.

점심시간의 도서실은 책을 대출하거나 반납하는 학생들로 북적였다. 서가들 사이에 놓인 둥근 소파와 몇 명이 함께 앉는 열람석에는 책을 읽거나 유리창 너머로 눈길을 둔 채 생각해 빠져 있거나 얼굴을 맞대고 소곤거리는 아이들이 저마다의 자리를 차지하고 있었다. 열람실 옆 학습실로 들어서니 그곳에도 아이들이 앉아서 책을 보고 있다. 학습실 전면에 있는 교사 책상으로 조용히 걸음을 옮긴 나는 노트북을 펼쳤다. 문서의 빈 페이지를 여니 하얀 여백에 커서가 깜빡거린다. 이번 40일의 시간은 내 40년 인생의 모든 여정보다 더 긴 시간이었다고 생각한다. 새로운 많은 이야기가 내 안으로 들어와서였을까? 그 말들과 이야기들은 완결되지 못한 채 수많은 계절을 거치며 모아 둔 나의 낡은 문장의 오류를 잡아 주고, 엉성하고 볼품없던 서사의 행간을 채워 주었다. 버려진 내 문장을 찾아내어 새로운 의미를 부여했다.

나는 '내 방'에 새로 입력된 '그 말들'을 깊이 묵상하며 그 길에서 만나 주시는 존재에게 사랑과 기쁨의 언어로 응답할 것이다. 나에게 선물한 모든 것을 가지고서 아름답고 순전한 목소리로 내가 만난 그 영광을 오늘도 노래할 것이다. '내 영혼의 방'마다 잘 정돈되어 그 자체의 의미로 빛날 '그 말들'은 내 삶의 이면을 밝히며 내가 써 내려온 구절들과 만나 아름다운 한 편의 서사시로 다시 태어날 것이다.

가을 오후의 햇살이 나뭇잎 사이로 눈부시게 쏟아지고 운동장 끝자락 벤치에 운동복 차림의 아이들이 옹기종기 모여 있다. 나는 자판을 두드린다. 화면에 내 마음이 활자로 피어오른다. 나의 하, 나, 님. 목적 40일을 마치며….

이정숙

말과 글이 사랑의 매체로 쓰이길 소망한 국어 교사의 시간 뒤로, 자신 안에 채워지는 기쁨의 언어를 새 노래로 부르고 싶은 열망으로 오늘을 빛고 있다.

단편 소설
가작

그때, 나비가 날아와서

문지선

***

볕이 좋은 봄날이었다. 영은은 주황색에 빨간 물감이 한 방울 섞인 듯한 다홍색 책가방을 등에 메고 운동장에 서 있었다. 1980년대 서울, 대단지 아파트가 들어선 동네에는 아이들이 많았다. 교실이 모자라 오전반과 오후반으로 나누어 학교를 운영할 정도였다. 오후반인 학생들은 오전반 수업이 끝날 때까지 운동장에서 기다려야 했다. 입학하고 한 달쯤 지나긴 했지만, 영은은 여전히 학교가 낯설고 아이들과는 서먹했다. 1학년 3반 팻말 앞에서 가만가만 운동장의 아이들을 구경하고 있었다. 몇몇 애들은 구름사다리나 정글짐 같은 데서 뛰어노느라 정신이 없었다. 오전반 수업이 끝날 때가 가까워지자, 운동장은 아이들로 북적거렸다.

"꺅! 저게 뭐야?"

영은의 등 뒤에 서 있던 여자애들이 소리를 지르며 멀리 달아났다. 영은은 놀라서 얼른 뒤를 돌아봤지만, 아무것도 보이지 않았다. 갑자기 아이들이 자신을 피하며 이상한 눈초리로 바라보는 것에 불안감을 느끼기 시작했다. 아이들이 모여 있는 곳으로 몸을 옮기려 하자 아이들은 우르르 영은을 피해 달아났다. 그때 누군가 소리쳤다.

"벌레! 가방에 벌레가 있어."

벌레라니! 영은은 가방에 붙어 있는 벌레를 떨어뜨리려고 온몸을 세차게 흔들었다. 너무 무서워서 가방을 벗을 용기도 나지 않았다. 한참 몸을 흔들다가 아이들의 얼굴을 보니, 여전히 책가방에 붙은 벌레가 떨어지지 않았다는 것을 단박에 알 수 있었다. 어쩔 수 없이 영은은 운동장을 뛰어다니기 시작했다. 아이들은 멀찍이 영은을 바라보기만 했다. 얼른 벌레가 떨어지길 바라는 마음으로 최대한 몸을 들썩거리며 뛰고 또 뛰었다. 마치 탈춤을 추는 것도 같고, 기이한 행위 예술 같기도 했다. 강렬한 봄볕에 온몸을 흔들던 영은은 그만 풀썩 주저앉고 말았다.

"뭐야, 나비잖아! 가만있어 봐."

자그마한 누군가가 등 뒤로 다가오자, 영은이 앉은 자리에 길고 둥근 그림자가 생겼다. 마치 누군가 영은을 안아 주는 것 같았다. 그 애가 영은의 가방에 살포시 손을 댔다. 그때 머리 위로 하얀 나비가 팔랑거리며 날아가는 것이 보였다. 천천히 뒤를 돌아 올려다보니, 삐삐 머리를 한 까무잡잡한 얼굴이 보였다. 남색 점퍼 주머니 끝에는 '김선화'라 쓰인 이름표가 흔들거리고 있었다. 운동장에 나온 담임 선생님이 반 아이들을 불러 모았다. 영은은 선화와 함께 학교 안으로 들어갔고, 서늘한 복도를 걸으니 정신없이 두근거리던 가슴이 금세 가라앉는 것 같았다.

다음 날, 영은은 집에 있는 초콜릿을 세 개 챙겨서는 운동장에서 선화가 오기만을 기다렸다. 중간중간 책가방을 살피는 일도 잊지 않았다. 혹시나 또 나비가 달라붙지는 않을까, 아예 가방을 운동장 바닥에 벗어 두었다. 교문을 지나쳐 걸어오는 선화가 보였다. 영은은 책가방을 손에 들고 선화에게 다가갔다.

"선화야, 안녕?"
"어, 안녕."

선화는 무뚝뚝했지만, 영은의 인사를 받아 주었다. 둘은 3

반 팻말 앞에 나란히 섰다. 영은은 주머니 속에서 조금 말랑해진 초콜릿이 뭉개지지 않게 조심스레 꺼내 선화에게 건넸다.

"이거 먹을래?"
"쪼꼬렛이네? 맛있겠다."

비닐 껍질에 눌어붙은 초콜릿까지 남김없이 먹고 있는 선화를 보니 기분이 좋았다. 그 애 입 주변에 초콜릿같이 어두운 갈색 점이 있다는 것을 그날 처음 알았다. 영은에게도 윗입술 위에 작은 점이 있었는데, 선화와 닮은 데가 있어 괜히 더 가까워진 것 같았다. 그날 이후로 영은과 선화는 학교 앞 문구점에서 과자를 사서 나눠 먹고, 학교 화단에서 네잎클로버를 함께 찾기도 했다. 교문 앞에 병아리를 파는 아저씨가 왔던 날, 한참 동안 어떤 병아리가 튼튼해 보이는지 각자 고르기도 했지만, 둘 다 엄마에게 허락받지 못해 끝내 사지는 못했다. 선화와 함께 다니면서, 영은은 학교 가는 일이 점점 즐거웠다. 날아다니는 벌레가 가까이 오는 건 별로였지만, 선화만 곁에 있다면 더 이상 두렵지 않았다. 그렇게 4월이 지나가고 5월이 왔다.

"영은아, 너 나랑 같이 교회 안 갈래?"

"교회? 거기서 뭐 하는데?"

"어린이날이라서 친구 데려오면 맛있는 것도 먹고, 선물도 준대."

영은에게 교회는 낯선 곳이 아니었다. 입학 전까지 3년이나 선교원을 다녔는데, 그곳은 아파트 단지 상가에 있던 교회가 운영하는 곳이었다. 영은의 엄마는 집 앞에 있는 유치원에 보내고 싶었지만, 추첨에서 떨어지는 바람에 다음으로 가까운 선교원을 택했다. 영은의 부모는 종교가 없었다. 그래서 교회가 운영하는 곳이라도 개의치 않았다. 영은이 3년 동안 선교원에 다녔지만, 종교적인 행위라고 할 만한 것은 '식사 기도'뿐이었다. 사실 식사 기도라고 해도 무릎 꿇고 눈을 감는 기도가 아니라 식판 앞에서 즐겁게 '노래'를 부르는 일이었다. 물론 가끔 눈을 꼭 감고 기도하는 날도 있긴 했지만, 그것 말고는 특별히 종교적인 이념을 강요하는 일은 없었다. 역시나 영은의 부모는 선화를 따라 교회에 가 보겠다는 딸을 말리거나 걱정하지 않았다.

선화가 다니는 교회는 아파트 단지 바로 바깥에 있었다. 붉은 벽돌로 차곡차곡 쌓아 만들어진 4층 건물 꼭대기에는 십자가가 세워진 뾰족한 탑이 하나 있었다. 주일 아침 교회 입구에는 어른 몇몇이 인자한 얼굴로 아이들을 맞이하고 있었다. 영은은 선화를 따라 예배당에 들어갔고, 긴 나무 의자에 나란히 앉았다. 예배당에는 애들이 꽤 많았다. 처음이라 익숙하지 않았지만, 영은은 눈치껏 선화를 따라 예배를 드렸다. 일어났다가 앉았다, 모르는 노래라 따라 부를 수는 없었지만 어쩐지 익숙한 가락이었다. 기도 시간에는 두 손을 모으고 눈을 꼭 감았다가 '아멘'이라는 말을 해야 하는 것도 알았다. 선화의 말처럼 예배를 마친 뒤, 교회에 온 아이들에게 학용품이나 간식 꾸러미 같은 것을 한가득 안겨 주었다.

그렇게 영은은 선화를 따라 종종 교회에 갔다. 1학기가 끝나고 여름방학이 시작되자, 영은은 선화와 놀고 싶어서 교회를 열심히 갔다. 거기에 가면 친구들도 많았고, 맛있는 간식도 먹을 수 있었으니까….

8월 초, 영은은 부모님과 여름휴가를 떠났다. 계곡 옆에 텐트를 치고, 동생과 계곡에 사는 물고기를 잡거나 수영복을 갈아입고 물속에 풍덩 빠져 신나게 놀았다. 허리춤까지 차오른 물속에 가만히 있으니 점점 더 몸이 차가워지다 못해 팔에 소름이 돋았다. 물가에는 검은색 나비가 날개를 넓게 펼쳐 새처럼 활강하듯 날고 있었다. 영은의 엄마가 '제비나비'라고 이름을 말해 주었다. 지금까지 보았던 나비 중에 가장 컸다. 노란

수영복을 입은 영은의 작은 가슴팍에 제비나비가 살포시 앉았다. 영은은 마네킹처럼 그대로 굳어 버린 듯 서 있었다.

"여보, 영은이 좀 봐요. 나비가 붙어서 날아가질 않네."

영은의 아빠는 계곡으로 저벅저벅 걸어 들어와 영은의 몸에 붙은 나비에 살짝 손을 댔다. 나비는 남자의 손길에 놀랐는지 펄럭펄럭 다시 날았다. 영은은 아빠의 손을 잡고 계곡을 빠져나오다 선화가 생각났다. 집에 돌아가면 오늘 있었던 일을 들려주겠다고 다짐했다. 여행을 마치고 교회에 갔지만, 선화가 없었다. 다음 주에도, 그다음 주에도 선화는 오지 않았다. 선화가 없어도 다른 친구들과 신나게 시간을 보냈지만, 이상하게 기분이 가라앉았다. 다행히 방학이 끝나 가고 있었다. 학교에 가면 선화를 만날 수 있을 테니까, 얼른 개학만 기다렸다.

운동장에서 만난 아이들은 조금씩 달라져 있었다. 키가 크고 몸집이 부쩍 커지거나, 얼굴이 새까맣게 그을려 다른 사람 같아 보이기도 했다. 영은은 교문 쪽을 바라보며 선화를 기다렸지만, 선생님이 와서 아이들을 교실로 데려갈 때까지도 선화는 오지 않았다. 교실을 아무리 둘러봐도 선화는 없었다. 까무잡잡한 피부에 오른쪽 뺨 아래에는 초콜릿이 묻은 듯 검은 점이 있던 얼굴. 키가 커지고 머리 모양이 바뀌어도 그 점은 거기 꼭 있을 텐데, 아무리 봐도 오른쪽 뺨 아래에 검은 점이 있는 얼굴은 안 보였다. 선생님은 선화가 없는데도 아무렇지 않게 수업을 시작했다. 그 누구도 선화가 없다는 걸 알지 못하는 것 같았다. 수업은 끝이 났고, 영은은 혼자서 학교를 빠져나와 집으로 갔다. 선화의 집이 어디인지 몰라서 찾아갈 수가 없었다. 그 주 일요일에 영은은 교회에 갔다. 여느 때처럼 교회 선생님은 환한 얼굴로 아이들을 반겨 주고 있었다. 영은은 선화와 같이 앉던 자리에 다른 친구들과 가만히 앉았다. 예배는 시작되었지만, 선화는 오지 않았다. 예배가 끝나고 영은은 교회 앞에 쪼그리고 앉아 한참 동안 땅바닥에 선화 이름을 썼다 지웠다 했다.

"영은이 아니니? 집에 안 가고 여태 뭐 했니?"

교회 학교 선생님이 영은을 발견하고는 옆에 쪼그려 앉았다.

"선생님, 저기… 선화는 왜 안 와요?"

영은의 물음으로 그녀의 얼굴에 어두운 그늘이 드리워졌다.

"선화를 기다렸구나….”

"네. 방학이 끝났는데도 학교에 선화가 안 왔어요. 교회에는 올 줄 알았는데, 여기에도 안 오고요. 어디 갔는지 아세요? 하고 싶은 얘기가 있었는데…."

영은은 여름방학 때 만난 제비나비 얘기를 하고 싶었다. 나비가 자꾸만 나에게만 날아오는 것 같다고…. 이번에도 조금 떨리고 무서웠지만 일부러 움직이지 않고 가만히 서 있었다고 말이다. 선화라면 잘했다고 말하면서, 제비나비는 어떻게 생겼을지 궁금해할 것 같아서 기대했는데 어디에도 선화가 없어 영은은 무척이나 울적했다.

"학교 선생님은 아무 말씀도 안 해 주셨나 보네. 그럴 수 있지…. 영은아, 천국 알지? 우리가 여기서 살다가 나중에 죽고 나면 천국에 가서 예수님을 만날 수 있잖아."
"……"
"천국에 간 일이 꼭 슬프기만 한 건 아니야. 지금은 잘 모르겠지만, 나중에 아주 나중에 영은이가 더 자라면 알 수 있을 거야."
"선화가 천국에 있어요? 우리는 아직 어린이라서 가려면 아직 멀었는데? 1학년도 천국에 갈 수 있어요?"

영은은 어째서 선생님이 선화가 천국에 있다고 말하는 건지 이해할 수가 없었다. 고작 여덟 살짜리가 천국에 가다니! 자기 할머니도 아직 가지 못한 천국을 선화가 갔을 리가 없다고 생각했다. 선생님도 선화가 어디 있는지 모르는 게 분명했다. 영은은 손에 쥔 돌멩이를 힘껏 화단에 던져 버리고는 집까지 내달렸다. 늦은 오후에 길어진 빛이 영은의 그림자를 더욱 길게 만들었다.

'이만큼 키가 자라면 천국에 갈 수 있을까?'

영은은 나비처럼 날아가 버린 선화가 몹시도 보고 싶었다.

일요일이 되었지만, 영은은 교회에 가지 않았다. 텔레비전에서 하는 만화영화를 아침 내내 거실에 앉아 실컷 보았다. 동생과 문방구에서 새로운 게임을 사와 하루 종일 놀기만 했다. 그렇게 1학년을 보내고 2학년이 되자, 큰길 건너편에도 새로운 학교가 들어섰다. 많은 애들이 그 학교로 전학을 갔다. 자연스레 오전반 오후반은 사라지고, 영은은 아침에 등교하게 되었다. 새로운 친구를 만나 간식도 먹고 고무줄놀이도 했다. 어김없이 교문 앞에 병아리 장수 아저씨가 찾아오면 영은은 혼자서 병아리 구경을 했다.
한 계절이 지나고 여름 냄새가 나는 공기가 코끝에 닿을 때쯤 이웃집 아주머니가 영은의 집을 찾아왔다. 영은의 동생도 선교원에 다니고 있었는데, 그녀는 그 시설을 운영하는 교회 집사였다. 영은의 엄마가 아이를 데리고 선교원에 오갈 때마다 가끔 보았는데, 같은 동에 살고 있는 이웃인 것을 알고는 반갑다며 과일이 담긴 플라스틱 소쿠리를 건넸다. 그날 이후 그녀의 친절하고 살가운 호소는 결국 영은의 부모를 교회로 이끌었다. 영은도 자연스레 부모님이 다니는 교회를 가게 되었다. 그곳에서 새로운 친구와 선생님을 만났고, 일요일이면 온종일 교회에서 시간을 보냈다. 성경 말씀을 암송하고, 찬송가를 보지 않고도 흥얼거리게 될 만큼 점점 교회가 익숙해졌다. 익숙함은 평안으로 이어졌고, 평안은 영은의 일상에 자신감을 불어넣어 주었다. 무엇을 해도 다 괜찮을 거라는 믿음이 영은을 쑥쑥 자라게 했다.

하지만 영은이 중학생이 되자마자 평안은 유리처럼 부서져 버렸다. 중학교는 영은의 집에서 버스로 세 정거장 떨어진 곳에 있었는데, 학교 근처 아파트 단지에 있는 초등학교 학생을 100% 배정하고 남는 인원을 다른 초등학교에서 채웠다. 그러다 보니 영은은 작은 틈에 끼어든 꼴이었다. 6년간 그 아이들이 견고히 쌓아온 시절을 영은이 단숨에 파고들 수 없는 건 당연했다. 게다가 학교 근처 아파트 단지는 영은이 사는 5층 아파트와 달리 엘리베이터가 있는, 더 넓고 좋은 집이라는 사실이 괜히 주눅 들게 했다. 아무도 영은을 괴롭히지 않았지만, 그 애들은 눈에 보이지 않는 선 밖으로 영은이와 같은 아이들을 밀어냈다. 제일 힘들었던 건, 점심시간마다 혼자 도시락을 먹는 일이었다. 영은은 도시락을 먹는 둥 마는 둥 적당히 입에 밀어 넣고 운동장으로 나가곤 했다. 축구를 하거나 농구하는 남자애들을 먼발치에서 바라보며, 운동장 가장자리에 나무가 심어진 좁다란 길을 천천히 걸었다. 고작 십여 분이지만 걷고 나면 기분이 한결 나아졌다.

그러던 어느 날, 산책을 마친 뒤 교실로 들어가려 복도를 걷다가 맞은편에서 걸어오는 남자애들과 어깨를 부딪히면서 그대로 바닥에 내동댕이쳐졌다. 당연히 사람이 오는 걸 봤으면 비켜서 걸어갈 줄 알았는데, 그 애들은 일부러 영은을 세게 밀쳐 냈다. 갑작스러운 충격에 영은은 몹시 놀랐다. 남자애들은 영은을 휙 쳐다보고는 시시덕거리며 지나갔다. 복도에는 아이들이 많았지만, 아무도 영은에게 다가가거나 괜찮은지 묻지 않았다. 기시감이 느껴졌다. 햇빛이 쏟아지던 운동장에서 책가방을 메고 뛰어다니던 여덟 살로 돌아간 것 같았다. 이곳에 선화는 없었다. 영은은 손에 쥐고 있던, 얼마 되지 않는 평안의 조각마저 차가운 복도 바닥이 삼켜 버린 현실에 망연자실했다.

"중학생 되니까 어때? 학교는 재미있어?"

엄마도, 교회 선생님도, 영은과 다른 학교에 진학한 친구들도 모두 물었다. 잘 지내냐고…. 어쩌면 그들은 영은이 정말 잘 지낼 것으로 생각하며 건넨 형식적인 인사였을 테다. 영은은 언제나 활짝 웃으며 학교에서 있었던 일을 말해 주곤 했다. 언젠가는 그렇게 지낼 수 있을 것이라는 믿음으로…. 그렇게 되기만 한다면, 지금 하는 모든 말들은 거짓이 아닐 테니까. 그렇게 말하고 나면 정말 이뤄질지도 모른다는 기대감이 들기도 했다. 그런데 복도에 내동댕이쳐진 날, 그런 기대나 소망이 더 멀어지는 것 같아 암담했다. 매일 밤, 차디찬 복도 바닥에 흩어져 버린 평안의 조각을 다시 손에 쥘 수 있기를 빌고 또 빌었다.

식목일 무렵, 오랜만에 영은의 식구들이 막내 삼촌의 결혼을 앞두고서 할아버지 산소에 모였다. 모처럼 차창 밖으로 보이는 낯선 풍경을 감상하니, 영은은 한결 마음이 가벼워지는 것 같았다. 도착하자 식구들은 돗자리를 펴고 가져온 음식을 꺼냈다. 영은의 친가는 제사를 지내지 않았다. 교회에 다니는 할머니는 가족이 모이면 찬송가를 두 장 부르고, 성경 말씀을 함께 읽고는 기도하는 것으로 제사를 대신했다. 가끔 할머니가 다니는 교회의 목사님이 오셔서 말씀을 전해 주시기도 했다. 4월의 묘지는 온통 푸릇푸릇했다. 한식(寒食)을 앞둔 터라 영은네 가족 말고도 조상을 찾은 이들이 많아 묘지는 북적였다. 영은은 모처럼 만난 사촌들과 함께 묘지 근처를 구경하고 있었다.

"어? 엄마, 나비다 나비!"

저쪽 무덤 앞에 앉은 대여섯 살쯤 되어 보이는 남자애가 팔랑거리는 나비를 보고서 엄마를 부르고 있었다. 그러자 그 애의 할머니가 얼른 손자를 부르며 손짓했다. 할머니의 목소리는 아이를 꾸중하려는 듯 무섭고 매서운 느낌이 났다.

"우리 강아지, 하얀 나비는 보지 말고 얼른 이리 오라."

아이는 입술을 샐쭉거리며 부루퉁한 얼굴로 할머니에게 안겼다.

"봄에 하얀 나비는 보지도 말고 잡지도 말아."
"아유, 어머니 그런 말씀은 뭐 하러 하세요. 미신이에요. 미신."

하얀 나비에 관한 미신이라…. 영은은 학교에서도 집에서도 들어본 적 없었다. 영은은 식구들이 앉아 있는 돗자리로 갔다.

"할머니."
"오냐, 영은아."
"하얀 나비가 나쁜 거예요? 저기 어떤 할머니가 손자한테 하얀 나비는 잡지도 말고 보지도 말라고 하던데요."

할머니는 누가 그런 쓸데없는 소리를 하느냐고 했다. 옆에 앉아 있던 고모가 한마디 보탰다.

"요새도 그런 얘길 하는 사람이 있나? 초봄에 하얀 나비를 보면 재수 없다고 그러거든. 사람이 죽는다고도 하고…. 근데 뭐 그냥 옛날 사람들이 하는 얘기야."

영은은 책가방에 앉은 하얀 나비를 날려 주었던 선화가 떠올랐다. 그럴 리가 없다고 생각하면서도 마음이 덜컥 내려앉았다. 살아 있다는 사실이 이토록 묵직하게 느껴지는 건 처음이었다. 살아 있으니 살아 있는 것이 당연하다고 여겼는데, 당연한 건 없을지도 모른다. 선화는 살아 보지 못한 시간을 나만 살고 있다는 것이 미안했다. 요사이 학교 가는 일이 괴롭기만 하고, 집에서나 교회에서 아무렇지 않은 척을 하는 일도 지쳐 가고 있었는데, '선화는 나를 보면 뭐라고 할까'라고 생각하며, 그저 살아 있는 것만으로도 좋은 일이라고, 누군가에게 고마워해야 하는 일이라고 생각하니, 영은은 학교에서의 일 따위는 손에 묻은 흙먼지처럼 털어 내면 그뿐인 것 같았다.

거짓말처럼 4월이 지나고 나니, 누가 먼저였는지는 알 수 없지만 영은처럼 선 밖에 머물던 애들이 조금씩 서로의 곁을 내어 주며 함께하게 되었다. 더 이상 쓸쓸히 혼자 점심 도시락을 꺼내 먹지 않아도 되었고, 운동장을 혼자 걷지도 않게 되었다. 교회에서도 더 이상 찜찜하지 않았다. 정말 잘 지낸다고, 감사하다는 기도를 드릴 수 있었다. 영은은 선화에게 진 빚을 갚고 싶었다.

"오늘 경이가 못 온대요. 반주할 사람이 없는데 어쩌죠?"

중고등부 예배 반주자인 경이 언니가 예배에 오지 못했다. 그녀는 예고 입시를 준비하는, 영은보다 한 살 위 선배였다.

"저… 제가 대신 해 봐도 될까요?"

영은은 자기가 말해 놓고 깜짝 놀랐다. 누구 앞에 나서는 것조차 꺼리면서 자원을 하다니! 물론 스포트라이트를 받는 자리는 아니었지만, 예배당 앞에 있는 피아노에 앉는 것도 영은에게 큰 용기가 필요한 일이었다. 교회 선생님들은 영은의 말에 무척이나 반가운 얼굴로 그래 주면 고맙겠다고 했다. 사실 영은은 어릴 때부터 오랫동안 피아노를 배워 왔다. 처음은 어렵고 힘들었지만, 손가락 끝에서 원하는 선율이 마음에 들게 흘러나오면 기분이 좋았다. 찬송가의 음표를 찬찬히 살피며 차분히 건반 위에 손끝을 올렸다. '예배에 참석하는 사람'에서 '예배를 드리는 사람'이 된 것 같은, 해야 할 몫의 일을 마쳤다는 뿌듯함이 느껴졌다.

그 뒤로 경이 언니가 오지 못할 때는 영은이 그 자리에 앉았다. 해가 바뀌고, 교회 주보에 부(副) 반주자로 영은의 이름이 실렸다. 경이 언니가 입시 준비로 자꾸만 교회에 오지 못하게 되자 영은이 피아노 앞에 앉는 날들이 더 많아졌다. 부활절이나 크리스마스 같은 굵직한 교회 절기 때에도 영은은 많은 이들과 행사 준비를 함께했다. 영은은 누구보다 교회 일을 열심히 하는 학생이 되어 있었다. 누군가 내민 손을 잡기만 하던 사람이 다른 이에게 손을 내미는 사람이 되었다. 교회에 처음 왔거나 오랜만에 온 사람들을 잘 찾아냈다. 자신이 느꼈던 지독한 외로움과 고립감을 그들은 조금 더 빨리 털어 낼 수 있기를 바랐다. 너무 귀찮지 않을 만큼 다가가려 하고, 무리에서 소외되지 않도록 끊임없이 소식을 전해 주려 애썼다. 영은은 조금씩 더 성장하고 있는 것 같아 기뻤다.

생각지도 못한 데서 문제가 생긴 건 고등학교 2학년 때였다. 평안은 정말 유리 같은 것일까? 교회 어른들 사이에서 큰 싸움이 벌어졌고, 금이 간 유리같이 교회의 평안이 조각나 버렸다. 영은은 자세한 사정을 들을 수 없었다. 다만 영은의 아버지가 싸움에 가담했다는 것은 확실히 알았다. 그날 이후로 아버지가 교회에 더 이상 나가지 않았으니까…. 영은의 엄마와 동생도 주일이 와도 집에만 있었다. 영은은 당혹스러웠지만, 예배 반주를 하러 교회에 나갔다. 이전처럼 영은을 반갑게 맞아 주지 않는 어른들도 있었지만, 어찌 되었든 매주 빠지지 않고 나갔다. 그날도 교회에 갈 채비를 하고 있던 영은에게 엄마가 말을 건넸다.

"이제 그 교회 그만 나가."
"어? 아니, 교회를 아예 안 다닐 생각이야?"
"아니. 다른 데 나가 보려고…. 엄마 아빠 아무도 없는데 뭐 하러 거기에 가니. 가지 마."

영은도 교회 분위기가 조금 달라졌다고 느꼈지만, 시간이 지나면 다시 괜찮아질 거라 생각했다. 대학생이 되면 초등부 교사도 하려고 했었고, 할 수만 있다면 계속해서 예배 반주를 하고 싶었다. 그런데 10년도 넘게 다닌 교회를 갑작스레 떠나야 한다고 생각하니 속이 상했다. 공들여 가꾼 정원을 송두리째 빼앗기는 기분이었다.

결국 1학기를 마치고, 여름 수련회까지만 교회에 나갔다. 함께했던 모든 이들에게 교회를 떠난다는 인사조차 하지 못했다. 누구보다 가깝게 지냈다고 생각한 이들과 남보다 못한 이별이라니, 이해하기 어려웠다. 하지만 누구도 영은을 걱정하거나 궁금해하지 않았다. 영은은 갑작스레 자신을 버린 것 같은 교회가 실망스러웠다. 여름방학 동안 영은의 가족은 동네 근처 교회를 가 보기 시작했다. 아파트 단지 상가에 있는 교회였는데, 그곳 사정은 더 나빴다. 교인들이 둘로 나뉘어 싸우고 있었다. 담임 목사님을 두고서 갈등하고 있는 것 같았다. 주일 아침 예배당에 들어가는 길목에 피켓을 들고 시위하는 교회, 더 이상 갈 이유가 없었다. 그 뒤로 동네의 작은 교회 몇 군데를 더 나가 봤지만, 새로운 사람이 금세 눈에 띄는 곳에서 영은의 부모는 어쩐지 불편해했다.

결국 차를 타고 가야 하는 대형 교회까지 가 보게 되었다. 버스로 아홉 정거장만큼 떨어진 교회에 처음 갔던 그날, 영은은 온 식구가 이곳에 다니게 될 것이라고 확신했다. 오랜만에 평온한 마음으로 예배드릴 수 있었고, 아무도 영은의 식구에게 아는 체를 하지 않았으니까…. 하지만 영은은 아무것도 하지 않고 앉아 있기만 해야 하는 이 교회가 낯설었다. 고등학교 3학년이라는 핑계로, 대학생이 되었다는 이유로 영은은 자신에게 주어진 자유를 마구 휘두르며 일부러 약속을 만들고, 늦잠을 핑계로 일요일마다 교회 가는 일을 미루었다.

'파필리온?'

영은은 단과대에 개설된 동아리 목록을 살펴보다 눈길이 멈추었다. 파필리온, 나비 채집을 하는 모임이었다. 자연과학대학이었으니 당연히 있을 법한 동아리였는데, 그동안 정말 오랫동안 잊고 있었던 '나비'를 이곳에서 다시 마주하게 될 줄이야. 그 동아리 말고도 밴드, 학술 모임, 축구 등등 다양한 모임이 있었지만, 어쩐지 '파필리온'에 가 보고 싶다는 강한 끌림이 느껴졌다. 동아리방은 학생회관 건물 3층 복도 끝에 있었다. 노크했지만 아무런 반응이 없었다. 문을 열고 들어가니 책상 두어 개에 철제 캐비닛 세 개 그리고 낡은 소파 하나가 보였다. 책상 위에는 나비와 관련된 책이 여러 권 쌓여 있었고, 벽에는 채집된 나비들이 액자에 걸려 있었다.

"누구…세요?"

구경에 정신이 팔려 누가 오는 소리도 듣지 못한 영은은 깜짝 놀라 고개를 돌렸다.

"아, 죄송해요. 아무도 없으면 나가야 하는데, 멋대로 구경했네요."
"하하. 괜찮아요."

큰 키에 호리호리한 체형, 검은색 뿔테 안경을 쓴, 영은보다 서너 살은 나이가 많아 보이는 남학생이었다. 그는 벽에 걸린 액자 속 나비에 관해 설명해 주고는 한마디 덧붙였다.

"다음 주에 채집 일정이 있는데, 관심 있으면 와 볼래요? 동아리 가입은 이후에 해도 되니까."

영은은 다음 주 화요일까지는 참석 여부를 알려 달라는 말에 알겠다고 대답하며, 남자 선배와 연락처를 교환했다. 크게 고민할 일은 아니었지만, 그 자리에서 바로 답하지 않았던 것은 아직 열흘도 더 남은 날짜를 두고서 뭔가를 확정하기가 망설여졌기 때문이다. 당장 내일 일도 모르는데, 한참 뒤의 일을 약속하는 것이 마음에 걸렸다. 기대감보다 쓸데없는 걱정과 염려로 벌어지지 않은 일을 상상하는 자신이 싫었다. 영은은 계획적인 사람이면서도 누군가와 무언가를 약속하는 일은 어쩐지 어렵고 불편했다. 그 때문에 사람들과 가까이 지내지 못했는지도 모르지만. 정확히 다음 주 화요일 오후 3시쯤, 영은은 문자메시지를 보냈다. 채집에 참석하고 싶다고…. 몇 분이 지나 집합 시간과 장소를 알리는 메시지가 왔다.

채집 날은 이른 봄날 치고 무척 따뜻하고 화창했다. 학생회관 앞에는 스무 명쯤 되는 사람들이 모여 있었다. 동아리 회장인지 총무로 보이는 이가 참석자 명단을 확인하고 있었다. 영은은 하얀 종이 위에 자신의 이름이 적힌 것을 확인하고서 동그라미표를 했다. 나비 채집 때 사용할 삼각 봉투 몇 장을 받았다. 포충망은 몇몇 사람들이 들고 있었고, 그 외 필요한 물품은 따로 보관된 가방에 담겨 있는 것 같았다.

"어, 왔네요?"

동아리방에서 만난 남자 선배가 영은을 알아보고 인사했다. 그는 준비물을 챙기고 사람들을 살피느라 바빠 보였다. 인솔자를 따라 다 같이 지하철을 타고서 청량리역에 갔다. 그곳에서 시외버스를 타고 양평과 가평 사이 어느 야산에 도착했다. 또 다른 동아리 사람이 간단히 채집과 관련한 안내 사항을 설명해 주었다. 영은처럼 처음 온 사람은 기존 동아리 회원과 함께 다닐 수 있도록 무리를 지어 주었다.

"오늘 재미있게 다녀 봅시다. 나는 김재민이에요."
"저는 우영은입니다."

함께 다니는 조원끼리 간단히 이름을 말하는 정도로 소개를 마치고서 숲으로 걸어 들어갔다. 이제 막 봄이 시작한 숲은 꽃망울을 터뜨리고 있었다. 포충망을 가지고 있는 조원이 꽃을 활짝 피운 식물 근처를 서성이다가 '휙' 하는 소리를 내며 잽싸게 움직였다. 포충망 그물 안에는 점박이 무늬가 있는 노란색 나비가 있었다.

"오, 암끝검은표범나비다!"

누군가 나비를 보자마자 이름을 말했다. 근처에 있던 다른 사람들도 그물 안에 잡힌 나비를 보러 모여들었다.

"올해 첫 채집에 노란 나비라니 운이 좋네!"

그는 포충망에서 나비를 조심스레 꺼내어 삼각 봉투에 넣은 뒤 연필로 뭔가를 끄적였다. 영은은 그 움직임을 놓치지 않고 잘 관찰했다. 그러다 옆에 있는 선배 재민에게 말을 걸었다.

"저기… 왜 운이 좋은 거예요?"
"아, 그건 미신 같은 거긴 한데, 옛날부터 내려오는 얘기가 있어요. 들어본 적 있을지도 모르겠는데…."

재민은 배낭 속에서 손바닥만 하게 접힌, 귀퉁이가 조금 닳아 있는 종이 한 장을 꺼내 영은에게 건넸다.

삼월 삼짇날은 강남 갔던 제비가 다시 돌아온다는 음력 3월 3일, 봄이 본격적으로 시작되는 절기로서 길일로 여겨 왔다. 사람들은 농사일을 시작하기 전에 교외로 나가 이날을 즐겼다. 음력이라서 매년 양력으로 치면 일정하진 않았지만, 4월 초 또는 중순의 어느 날이었을 거다. 겨울에 성충 나비로 월동한 네발나비, 청띠신선나비와 뿔나비가 보일 수 있고, 또한 번데기로 월동해서 갓 성충 나비가 된 흰나비와 노랑나비, 호랑나비, 멧팔랑나비 같은 종류도 조금은 이르지만, 이른 봄날이 며칠 계속해서 따뜻해 왔다면 관찰될 수도 있는 시기이다. 우리 조상들은 이때 처음 본 나비의 색에 따라서 행운 또는 불운에 대한 점을 쳤던 습성을 갖고 있었나 보다. 예를 들어 "봄에 노랑나비를 보면 먹을 복이 있고, 호랑나비를 보면 호사를 한다"라고 하였고, 특히, 삼월 삼짇날 처음에 노랑나비를 보면 길하다고 여길 정도로 노랑나비는 행운의 상징이었다. 하지만, 그 반대로 흰나비를 처음 보면 매우 흉한 일이 발생할 거라는 전조 속신들이 매우 많았다. 예를 들면, "삼짇날 처음에 흰나비를 보면 상주된다", "이른 봄에 흰나비가 집 안에 들어오면 그 집에 초상이 난다", "초봄에 흰나비를 잡으면 상주된다", "첫봄에 흰나비를 먼저 보면 상주된다", "봄에 흰나비를 먼저(노랑나비와 흰나비 중에서) 보면 가족 중에 누가 죽는다"에 이르기까지 관련된 속신어만 십여 가지가 된다. 이 같은 속신어를 따르게 된다면, 흰나비를 보거나 잡거나 한다는 것은 저주받는 것이나 마찬가지인 셈이다.

『재미있는 야생 동·식물 이야기』 중에서

 재민 선배가 건넨 종이는 어떤 책에서 뜯어낸 것이었다. 영은처럼 묻는 이가 많았는지, 설명하기가 귀찮았는지 이유는 알 수 없지만, 노란 나비를 보고 왜 운이 좋다고 하는지 충분히 알 수 있었다. 종이를 들고 있는 영은을 본 다른 이가 진짜 말도 안 되는 얘기라며, 생각해 보면 노란 나비는 보기 어렵고 흰 나비는 보기 쉬우니까 괜한 말을 만들어 낸 것이라고도 했다. 하얀 호랑이, 하얀 사슴 같은 동물이 출현하면 길조라고 말한 것도 다 같은 이치라고…. 묵묵히 그들의 말을 듣던 영은은 문득 선화가 생각났다.

'그때 가방에 붙어 있던 나비가 노랑나비였다면, 선화는 지금도 살아 있었을까? 하얀 나비여서, 나 대신 그 나비를 잡아 주지 않았더라면…'

영은은 고개를 저었다. 과학을 공부하겠다고 대학에 왔으면서 쓸데없는 미신에 매여 있는 건 한심한 일이었다.

이제 막 봄이 시작한 터라 숲에 꽃이 많지 않아서 나비를 보기 어려웠다. 첫 채집 활동은 가볍게 한 해 동아리 계획을 공유하고, 영은처럼 처음 온 회원들에게 좋은 추억을 심어 주려는 목적이 더 강해 보였다. 동아리에도 신입생이 많이 와야 좋은 법이니까…. 몇 년씩 활동한 선배들은 채집 여행을 다니며 재미있었던 에피소드를 얘기해 주었다. 오늘은 당일로 왔지만, 여름이나 가을에는 1박 2일로 채집 여행을 가게 될 거라며, 그때는 지금보다 훨씬 더 정신없지만 재미있을 거라고 했다. 사실 영은은 키보드 같은 건반 악기를 다룰 줄 아니까 밴드 동아리에 갔더라면 더 즐겁게 보낼 수 있을 거라고 기대했다. 그런데 대부분 밴드에서는 록(rock)이나 헤비메탈 같은 장르의 음악을 다루어서 취향에 맞지 않았다. 클래식을 하는 동아리도 있었지만, 음대생들 상대로 실력도 부족할 게 뻔하니 편히 즐기지 못할 것 같았다. 결국 이것저것 재고 따지다가 이곳까지 오게 된 것이다. 물론 아직 정식으로 들어온 건 아니었지만….

"저… 채집한 나비는 놓아 주기도 하나요?"

한참 동안 듣기만 하던 영은이 물었다.

"그럼요. 같은 종을 굳이 여럿 채집할 필요가 없으니 그럴 땐 무조건 다 놓아 주고요. 희귀한 나비일 때는 채집해도 되는 건지 확인하고 당연히 놔 줘야겠죠?"

영은은 가만히 고개를 끄덕였다. 채집이라는 것이 결국 표본을 만드는 작업으로 이어진다면 나비는 죽게 되는 거니까, 생명을 죽음으로 몰아넣는 일이 결코 즐거울 수는 없을 것 같았다. 그렇지만 생물의 구조와 형태를 완전히 이해하고 파악하려면 직접 하나씩 살펴보는 것만큼 확실한 방법은 없다고 했다. 영은도 그 말에 수긍했다. 살면서 오늘처럼 나비 한 마리를 세세하게 살펴본 건 처음이었으니까…. 책에도 사진이 있지만, 감각기관을 총동원하여 진짜를 맞닥뜨리는 것은 의미 있는 일이 분명했다. 채집한 나비는 버려지지 않고 영구 보존되어, 이미 죽었지만 현재를 사는 이들에게 끝없이 말을 건넬 수 있는 존재가 되는 것이 경이롭게 느껴졌다.

> "우리도 고민 중이에요. 채집은 형식적으로 개체수가 많은 종만 진행하고, 되도록 현장에서는 채집한 나비를 관찰하고 풀어주는 방향으로 방법을 바꿔 가고 있어요."

영은은 마음이 조금 누그러지는 것 같았다. 한껏 가벼워진 발걸음으로 사람들을 따라 숲속을 걸었다. 점심때가 되어 조별로 돗자리를 깔고서 자리에 앉아 각자 챙겨 온 도시락을 꺼냈다. 김밥 한 줄을 천천히 먹고 있었는데, 영은의 눈앞에 작고 푸른빛이 도는 나비 한 마리가 날아가는 것이 보였다. 벌떡 일어나 신발에 발을 구겨 넣은 채로 바닥에 내려놓은 포충망을 손에 쥐고 나비를 쫓았다. 등 뒤에서 영은을 부르는 소리가 들리는 것도 같았지만, 행여나 놓칠까 오직 나비에만 시선을 고정하고 뛰는 듯 걸어갔다. 몇 분이나 걸었을까, 바닥에 불쑥 튀어나온 나무뿌리에 걸려 넘어지고 말았다. 손쓸 틈 없이 휘청대며 쓰러지던 영은의 눈앞에 거칠고 투박해 보이는 나무껍

질이 다가오더니 정신이 아득해졌다.

 아무것도 보이지 않는 캄캄한 암흑 속에서 하얀 빛이 비쳤다. 빛이 일렁이듯 움직이며 영은에게 다가왔다. 자세히 보니 그 빛은 나비 모양을 하고 있었다. 영은의 손바닥에 앉은 나비는 가만히 영은을 바라보듯 하더니 이윽고 날아올랐다. 나비를 쫓으며 보이는 풍경은 국민학교 운동장이었다가, 선화와 함께 앉았던 교회 의자였다가, 예배당 앞에 있는 피아노로 보이더니 오늘 걸었던 숲길에 이르렀다. 어느새 나비는 사라지고 코끝에 축축한 흙냄새가 진하게 풍겨왔다. 영은은 발밑에 손을 가져갔지만, 어쩐지 발끝에 손이 닿지 않았다. 한참 낑낑대다 번쩍 눈이 떠졌다.

 "얼마나 누워 있었던 거야…."

 영은은 욱신거리는 이마를 손으로 쓰다듬으며 얼굴과 몸에 묻은 흙을 털어 냈다. 멀리 온 것 같진 않았는데, 풍경이 생경했다. 넘어지면서 왼쪽 발목이 삐끗했는지 발을 디딜 때마다 욱신거리는 통증이 느껴졌다. 떨어진 포충망을 지팡이 삼아 단단히 손에 쥐었다. 김밥을 먹다 말고 갑자기 나온 터라 휴대폰도 갖고 있지 않았다. 영은은 일단 왔던 길의 반대 방향으로 걸었다. 이상하게 점점 더 이상한 데로 향하는 것 같아 슬슬 겁이 나기 시작했다. 불안하고 두려운 감정은 영은의 몸과 마음을 파도처럼 일렁이게 했다. 자신이 쫓았던 나비가 정말 있긴 했던 걸까, 영은은 손바닥을 쳐서 물끄러미 바라봤다. 꿈인 듯 아닌 듯, 손바닥에 앉았던 나비의 촉감을 기억하려 애써 보았다. 그 기억의 끝에 여덟 살이었던 영은의 어린 시절, 선화가 등 뒤에서 자신에게 내밀었을 그 손이 떠올랐다. 보지 못했지만 분명 나를 구원하며 일으켰던 손. 이제껏 그 손이 끊임없이 다른 모양으로 한 번도 쉬지 않고 지금까지 자신을 살펴 주고 있었다는 사실을, 너무 오랫동안 잊고 살았다는 생각이 들었다. 아니, 모르는 채로 살아왔다고 생각하니 두려움으로 시작된 일렁임은 뜨겁고도 울컥한 울림으로 변해 갔다.

영은은 천천히 깊은숨을 내쉬며 하늘을 바라보았다. 너무 염치없지만, 여기서 나가면 내일 꼭 예배를 드리러 교회에 가야겠다고 다짐했다. 여전히 나가는 길은 알 수 없지만, 어쩐지 마음이 한결 편안했다. 영은의 이마를 스치는 작은 바람에 눈앞을 가린 머리칼을 쓸어 넘겼다. 그때 멀찍이 하얀 나비가 팔랑거리는 모습이 보였다. 꽃도 없는 숲길에서 같은 자리를 맴돌고 있는 것 같았다. 영은은 천천히 나비가 있는 쪽으로 걸어갔다. 신기하게도 나비는 영은이 가까워지자 조금 더 앞으로 날아갔다. 그렇게 하얀 나비를 쫓아 걷고 또 걸었다. 어느새 하얀 나비는 어디로 날아가 버렸는지 보이지 않았다.

"우영은! 우영은!"

영은을 부르는 목소리가 들려왔다.

문지선

말하는 것보다 쓰는 것을 즐거워하며, 하나님이 가르쳐 주신 사랑을 글로 전할 수 있기를 소망하는 성도이다.

단편 소설
가작

누가 가져갔나요?

심추보

***

(1) 2019. 3. 22.

A국의 양우리 선생은 나흘간의 지방 전도여행을 마치고 본 사역지로 돌아가는 길이었다. 분기에 한 번씩 교회가 없는 지역을 방문하여 전도지와 쪽복음서를 전하는 사역이다. 하지만 이번 전도여행은 방문 지역을 잘못 선택한 것은 아닌가 하는 생각마저 들 정도로 힘들었다. A국은 이슬람 율법에 따라 외지인들을 반기며 맞이하기로 유명한데, 이번만큼은 예외였던 것이다. 양 선생은 한껏 지치고 무거워진 몸으로 버스에 올랐다. 늘 타던 장거리 버스였지만 돌아오는 길이 더 길게 느껴졌다. 앞으로 일곱 시간 정도 가면 사역지에 도착할 듯하다.

버스의 승객들은 대부분 잠을 자고 있었다. 양 선생도 지방 전도여행에서 돌아오는 길에는 거의 잠을 잤다. 낯선 지역이 주는 긴장감이 돌아가는 가는 버스를 탈 때 비로소 안도감으로 바뀌기에, 때로는 아주 깊은 잠에 빠지기도 했다. 그런데 이번에는 계속해서 자다 깨다를 반복하고 있었다. 양 선생은 이럴 바에는 뭐라도 하자는 심정으로 가져간 책을 가방에서 꺼냈다. 지난달에 다녀간 ○○교회 청년 아웃리치 팀이 주고 간 것이었다. 그저 책장을 뒤적거릴 뿐 책의 내용이 무엇인지 알 수 없는 멍한 상태만이 계속되었다.

"Can you speak English?"

그때 버스 뒷좌석에서 누군가가 말을 걸어왔다. A국 선교사 4년 차인 양 선생에게 현지인이 영어로 접근하는 것은 종종 있는 일이었다. 자기들과는 인종이 달라서 눈에 확 띄는 동양인이 도저히 올 이유가 없는 동네에 나타났을 때, 또는 버스에 탔을 때 신기하거나 궁금해서 말을 걸어왔다. 그나마도 영어가 되는 사람들이나 용기를 내서 그런 시도라도 했다. 많은 경우, 뭔가 신기한 듯 쳐다볼 뿐이었다. 이번에도 마찬가지로 차를 탄 지 두 시간 만에 이런 일이 일어났다. 아마도 오랫동안 생각하고 고민한 끝에 말을 걸었으리라. 양 선생은 영어로 답을 하지 않았고, 영어로 답할 이유도 없었다. 현지어가 더 익숙했기 때문이다.

"모국어 쓰세요. 저도 그 말 할 수 있어요."

뒷좌석에서 말을 걸었던 사람은 짐짓 놀란 얼굴이었다. 낯선 동양인이 자기 나라 말을 한다는 것, 그것도 어색하지 않게 하는 경우는 흔치 않기 때문이다. 누가 봐도 당황한 기색은 역력했지만 애써 태연한 척 양 선생과 대화를 이어 갔다.

"그렇군요. 어디서 오신 분인가요?"
"예. 코리아입니다. 남쪽에 있는 코리아."
"아… 그렇군요. 그런데 우리말을 참 잘하시네요. 우리나라에서 얼마나 사셨나요?"
"음… 한 4년쯤 되었네요. 저는 지금 지방에서 일을 마치고 집으로 돌아가는 길입니다."

양 선생은 이렇게 말하면서 자연스럽게 뒷좌석으로 자리를 옮겨 앉았다. 뒷좌석에 앉았던 사람은 A국에서 만날 수 있는 20대 초반의 평범한 청년이었다. 이 지역은 일자리가 부족해서 많은 청년이 일자리를 찾으러 지역과 지역을 이동하는 경우가 잦았다. 약간은 허름한 옷차림, 검게 그을린 피부, 마른 체격, 약간 핼쑥해 보이기까지 한 얼굴에 잘 관리되지 못한 거친 피부와 높은 코와 깊은 눈매를 가진 청년은 낯선 동양 남자에 대해서 궁금했던 것이 있었는지 두 눈이 반짝반짝 빛나고 있었다. 궁금증이 가득한 얼굴도 있었지만, 다른 한편으로는 근심 가득 찬 얼굴 또한 지울 수 없었다. 미간에는 깊은 주름이 잡혀 있었고, 입술은 바싹 말라서 갈라져 있고, 가끔 입술을 깨물었는지 아랫입술에 깊은 이빨 자국도 나 있었다.

이 낯선 청년과 양 선생은 나란히 앉아서 이런저런 대화를 나누었다. 사는 동네 이야기, A국의 자잘한 이슈들을 비롯해서 소소한 이야기들을 자연스럽게 이어 가고 있었다.

"당신은 우리 A국의 종교에 대해서 어떻게 생각하세요?"

청년이 먼저 자신의 종교 이야기를 꺼냈다. 이 질문은 많은 의도를 내포하고 있었다. 크게는 세 가지 경우가 있는데, 첫째, 만약 이 청년이 골수 무슬림이라면 외국인인 양 선생을 전도하기 위해서 물어본 것이다. 이 경우라면 아주 끈질기고 집요하게 자신이 어떤 무슬림인지, 또 자신이 섬기는 알라와 무함마드를 길고 장황하게 전할 것이기에, 적당히 넘기거나 화제를 바꿔야 한다. 그렇지 않으면 상황은 한없이 힘들어진다. 그래서 적당히 피곤하다는 핑계를 대고 말을 돌리고 제자리로 돌아가는 것이 상책이다.

둘째, 자기가 살고 있는 나라가 아닌 다른 나라의 사정이 궁금해서 물어보는 경우다. 자신들의 이슬람 문화권 외에 사람들은 어떤 삶을 살고 있는지, 또 그들의 종교는 무엇인지, 이런 궁금증 때문에 물어보기도 한다. 젊은 사람들이 외국인에게 가볍게 하는 질문들이다.

그리고 셋째, 아주 특이하면서 극히 드문 경우인데, 자신의 종교에 지친 사람들, 또는 무엇인가 답답함과 논리적으로 설명되지 않는 종교적 불합리함을 느끼는 사람들이 외국인들은 어떤 생각을 하고 있는지 알고 싶은 경우이다.

양 선생은 이 청년의 질문 의도가 세 가지 경우 중 어떤 것인지 빠르게 판단하고 대처해야만 했다. 제발 첫 번째 경우만은 아니기를 바랐다. 또 두 번째, 세 번째의 경우라면 좀 더 조심스럽게 대화를 이어 나가야 하는데, 양 선생은 청년의 깊고 걱정 가득한 눈을 바라보며 짧지만 간절한 기도를 드렸다.

'성령님, 인도해 주십시오. 피해야 합니까? 만나야 할 영혼입니까?'

기도를 마친 후 양 선생은 성령의 인도하심에 따라서 청년의 물음에 대답했다.

"저는 크리스천입니다. 당신 나라의 종교는 제게 좀 다른 의미가 있습니다."

양 선생은 먼저 자신의 종교를 밝혔다. 이제부터 어려운 길이 시작될 예정이다. 옆에 앉은 청년과 종교 이야기를 하면서 차에서 내릴 때까지 끝나지 않는 논쟁을 할 수도 있다. 더 나쁜 경우, 청년에게 욕을 먹고 제자리로 돌아갈 수도 있다. 마지막 작은 희망은 크리스천이 어떤 사람인지 궁금해하는 청년과 이야기를 계속하는 것이었다.

"아, 크리스천이군요!"

청년은 복잡 미묘한 표정을 지었다. 하지만 아직까지 부정적인 인상은 아닌 것 같아 양 선생은 계속해서 말을 이어 갔다.

"당신들이 흔히 말하는 선지자 예수는 크리스천들에게는 구원자입니다. 당신들도 예수를 선지자로 인정합니다. 또 그 이름을 예수 메시아라고 부릅니다. 메시아라는 말은 '머리에 기름 부음을 받은 자'라는 뜻입니다. 그래서 예수 메시아는 선지자가 맞습니다. 하지만 기름 부음을 받는 자는 선지자뿐만 아니라 제사장도 있고 왕도 있습니다. 그래서 크리스천인 저에게는 예수 메시아가 선지자, 제사장. 왕의 직분을 가진 구원자로 오셨습니다. 이것이 당신이 알고 있는 것과 내가 아는 예수 메시아의 차이입니다."

"아, 그렇군요. 몰랐어요. 저는 예수의 성(姓)이 메시아인 줄 알았어요. 하지만 무함마드는 가장 위대한 선지자입니다. 그런데 당신은 왜 선지자 예수 메시아가 구원자라고 생각하나요?"

"예수 메시아가 아니었으면 저는 여기에 있지도, 당신과 만나지도 못했을 겁니다."

청년의 눈이 다시 빛나기 시작했고 낯선 동양인의 이야기에 더 깊이 빠져들었다.

(2) 2002. 6. 18.

고등학교 2학년인 양교민은 모태 신앙이긴 했지만, 신앙 자체는 그다지 없는 학생이었다. 지금까지 장로인 아버지의 불호령이 무서워서 교회에 다니기는 했지만, 왜 다니는지 전혀 알지 못한 채 주일 예배만 왔다 갔다 하는 학생이었다. 특히 2학년에 올라와서는 이런 현상이 더욱 심화되었다. 학교 공부는 더 많아지고, 학원 숙제까지 하려면 시간이 모자랐다. 주일에 교회에 앉아 있는 시간이 아깝다고 느끼기까지 했다. 그래서 예배 시간에 멍하니 앉아 있다가, 예배가 끝나면 공부를 핑계로 부리나케 집으로 돌아왔다.

하지만 2002년 5월부터 공부에 집중할 수 없는 일들이 벌어졌다. 월드컵 광풍이 불었기 때문이다. 대한민국이 연전연승하면서 학교는 물론이고 교회까지 월드컵 열기에 휩싸였다. 교회에 다 같이 모여서 '대~ 한, 민! 국!'을 외치면서 응원을 하며 경기를 보았다. 이기는 날에는 한껏 승리에 취한 집사님들과 장로님들이 치킨도 쏘시고 피자도 쏘시고 파티가 늘 벌어지던 때가 그때였다.

그날도 교회에 모여서 한국과 이탈리아 경기를 보고 있었다. 사상 첫 16강 진출이었고, 모두가 교회에 커다란 스크린을 통해서 열심히 경기를 보며 응원하고 있었다. 하지만 그날의 경기는 조금은 암울했다. 이미 이탈리아가 전반에 선취점을 낸 상태에서 후반전도 거의 끝나가고 있었다. 우리나라 선수들 모두가 열심히 뛰었지만, 점점 더 패배의 그림자가 짙어져 갔다. 양교민은 더 이상 경기를 보고 싶지 않았다. 누가 봐도 진 경기였다. 경기 종료가 5분쯤 남았을 때 스크린을 뒤로한 채 터덜터덜 예배당 뒷문으로 빠져나가던 그때였다. 교민이가 문 앞에 섰을 때 문이 먼저 열리며 누군가가 들어왔다. 그와 동시에 등 뒤에서 교인들이 커다란 함성이 들렸다.

"골이다!!"

스피커에서는 해설자가 목 놓아 소리쳤다.

"설기현 왼발 슛! 동점 골이 터집니다!"

교민이는 고개를 돌렸다. 극적인 동점 골이 터지는 순간이었다. 그때였다. 문으로 들어왔던 누군가가 교민이의 손을 덥석 잡고 흔들며 동점 골에 환호했다.

"와! 동점골이다!"

교민이는 고개를 돌려 자기 손을 흔들고 있는 사람을 쳐다보았다. 처음 보는 사람이었다.

"와! 와… 그런데, 누구세요?"
"어? 난 너 아는데? 교민이잖아, 양교민."
"네…. 그런데 누구…"
"응. 난 너희 반 보조교사 윤지영 선생님이야. 네가 맨날 공과공부도 안 하고 집에 가니까 나를 모르지."
"아… 그래요…."

교민이는 태어날 때부터 이 교회를 다녔다. 그래서 자기는 교회에 모르는 사람이 없다고 생각했다. 그런데 처음 보는 사람이 자기네 반 선생님이라는 것이다. 하긴 최근에 예배만 드리고 집에 가다 보니 모르는 사람이 생겼다.

"교민아, 들어가서 보자. 아직 안 끝났어."

교민이는 그렇게 윤지영 선생을 처음 만났다. 윤 선생은 교민이의 손을 이끌고 경기가 잘 보이는 자리를 찾아 앉았다.

"교민아, 반가워! 너를 꼭 만나고 싶었는데, 오늘 이렇게 보니 너무 좋네!"
"예… 그러네요."

교민이는 멋쩍은 얼굴로 선생님을 쳐다보았다. 윤 선생은 말이 선생님이지 교회 청년부 누나였다. 윤 선생이 교민이의 반 보조교사가 된 것은 몇 달 후 몇 명의 아이들을 데리고 분반을 하기 위함이었다.

둘은 나란히 앉아서 가끔 이야기도 하면서 경기를 보고 있었다. 경기가 막바지로 치달을수록 교민이의 가슴이 뛰기 시작했다. 처음에는 한국과 이탈리아의 서든데스 연장전 때문이라고 생각했다. 그러나 이내 깨닫게 되었다. 처음 보는 이성에 대한 떨림이었다는 것을…. 경기 117분 만에 결국 안정환이 골든골을 넣고야 말았다. 모두가 환호하고 있었고, 윤 선생도 교민이의 손을 흔들며 그렇게 기뻐하고 있었다.

(3) 2002. 11. 25.
교민이는 이제 주일 예배는 물론이고 공과공부도 빠지지 않았다. 오늘도 콧노래를 부르며 일찌감치 교회로 향했다.

"안녕, 교민아! 일찍 왔네?"

일찍 도착한 교민이를 윤 선생이 반갑게 인사하며 맞이했다. 지난 7월부터 윤 선생의 반이 분반을 했는데, 대부분 분반을 하면 모범적인 학생 한두 명을 데리고 시작한다. 하지만 윤 선생은 그런 선택을 하지 않았다. 기존 반에서 제일 출석이 저조한 네 명의 학생들을 데리고 분반했기 때문이다. 물론 거기에 양교민도 포함되어 있었다.
첫 달은 네 명 중에 양교민 단 한 명만 출석했다. 다른 세 명은 아예 전화도 받지 않았고, 윤 선생이 만나려고 아무리 노력해도 만나기 쉽지 않았다. 하지만 8월부터 조금씩 달라졌다. 교민이를 제외한 세 명 중에 두 명이 다시 출석을 하기 시작했고, 교민이가 친구들 세 명을 더 데려왔다. 7월에 한 명이었던 윤 선생의 반은 11월에는 여섯 명이 되었다. 사실 이 모든 것이 교민이가 노력한 결과였다. 원래 출석해야 할 두 명은 협박과 회유로, 다른 친구들 세 명은 피시방 같이 가기, 햄버거 사주기 등의 물량공세로 교회에 데려온 덕택이었다.

"아! 선생님, 오늘 새로운 친구 오기로 했어요."
"어머, 또? 대단하네, 우리 교민이!"

교민이의 이러한 열심을 교인들은 칭찬했다. 양 장로님 아들이 교회 생활도 열심히 하고 전도도 열심히 한다고 소문이 났고, 아버지 양 장로도 아들이 이제야 신앙생활을 제대로 한다고 안도했다. 그러나 교민이가 이렇게 한 것은 오로지 윤 선생의 관심을 받기 위해서였다. 교민이의 신앙은 전혀 성장하지 않고 그대로였다. 그렇게 교민이의 진짜 신앙 상태는 아무도 모른 채, 그 주일도 예배를 마치고서 공과공부를 하기 위해 모두 모였다.

"오늘은 다윗과 밧세바 이야기를 공부할 거예요."
"에… 선생님, 그거 너무 야한 거 아니에요?"

교민이는 유치부 때부터 수없이 들어 잘 알던 내용이었기에 선수를 쳤다.

"음… 그럼 교민아! 다른 친구들은 잘 모르니까, 잘 아는 네가 다윗과 밧세바를 설명해 줄래?"
"아… 그러니까… 저…"

교민이는 잘 알고 있다고 생각했지만, 선생님의 요청에 정작 제대로 설명하지 못했다. 그때 다른 친구가 교민이를 힐끗 쳐다보며 선생님께 이야기했다.

"선생님, 교민이 별명이 뭔지 아세요? 교만이에요. 하도 교만해서 붙은 별명이에요."

태어날 때부터 교회에 다녔던 교민이는 교회에 처음 온 자기 친구들 앞에서 교회는 이런 곳이다. 너는 그것도 모르냐? 나를 잘 보고 배워라. 이런 식으로 대했기 때문에 친구들은 양교민이 아니라 양교만이라고 불렀다.

"교민아, 정말이니? 그렇다면 교민이는 오늘 말씀에 더 집중해야겠다. 다윗이 왜 우리아의 아내를 빼앗았을까? 그건 그의 마음에 교만이 들어왔기 때문이야. 다윗은 자기 스스로 그래도 된다는 교만에 빠졌어. 내가 왕인데, 내가 하나님의 사람인데, 누가 나에게 뭐라고 할 수 있을까 하는 잘못된 생각에 빠져서 자기의 충직한 신하인 우리아를 죽이고 그의 아내를 빼앗았어. 교민이는 하나님께서 분명히 사랑하는 사람이야. 하지만 교민이도 교만해지면 다윗과 같은 잘못을 저지를 수 있어. 다른 친구들도 마찬가지지만, 교민이는 특별히 더 다윗과 밧세바의 일을 기억해야겠다."

교민이는 부끄러워서 견딜 수 없었다. 결국 참지 못하고 자리를 박차고 나왔다. 그리고 다시는 공과공부에 들어오지 않았다. 아니 들어올 수 없었다. 교민의 교만한 마음을 들켰기 때문이다.

(4) 2010. 3. 15.

교민이는 이제 대학 졸업반이 되었다. 바늘구멍보다 좁은 취업의 문을 두드리는 여느 대학생과 다름없는 생활을 하고 있었다. 학교와 집, 도서관을 다람쥐 쳇바퀴 돌 듯 돌며 취업준비를 하고 있었고, 주일에는 자신의 귀한 시간 중 한 시간을 내서 예배에는 꼭 참석했다. 그것만으로도 충분히 신앙생활을 잘하고 있다고 생각했다. 그날도 어김없이 예배를 마치고 집으로 가려던 참이었다.

"어! 양교만 오랜만이다."
"어, 그래. 너도 잘 지내?"

교민이는 교회 앞에서 어릴 때부터 같이 교회를 다녔던 친구를 몇 년 만에 만났다. 둘 다 한때 교회를 빠진 적이 없이 꼬박꼬박 다녔지만, 장년 예배만 드리는 교민이와는 달리 그 친구는 고등학교 졸업 후 성가대며 주일 학교 교사며 온갖 교회 봉사에 참여했기 때문에 쉽게 만날 수 없었다. 오랜만에 두 사람은 잠깐이나마 못했던 소소한 이야기를 나누고 있었다.

"교만, 너 그 소식 들었어?"
"무슨 소식?"
"왜, 있잖아. 우리 고2 때 선생님, 윤지혜 선생님인가?"
"응…. 윤지혜가 아니라 윤지영 선생님. 근데 왜?"
"그 선생님이 귀국했대."
"귀국? 언제 외국 나갔었어?"
"너 아예 모르는구나. 그 선생님 우리 졸업하고 나서 얼마 안 있다가 A국 선교사로 나가셨어. 그러다가 몇 주 전 밤 집에 돌아오던 길에 교통사고를 크게 당해서 며칠 전에 귀국하셨어."

"응… 그래?"

"뭘 반응이 이렇게 뜨뜻미지근하니?"

"뭐~ 내 반응이 어때서?"

"고2 때, 너 그 선생님 엄청 좋아했잖아."

"내가?"

"그걸 말이라고 하냐? 니 얼굴에 티가 다 나서 애들이 다 알고 뒤에서 얼마나 수근거렸는데!"

그랬다. 교민이만 눈치채지 못했을 뿐 주변 친구들은 교민이가 선생님을 좋아한다는 걸 다 알고 있었다. 그래서였을까? 교민이는 그렇게 좋아하던 선생님이 했던 다윗의 교만에 관한 이야기에 크게 상처를 받았고, 더 이상이 공과 공부도 나오지 않으면서 윤 선생도 보지 않게 되었다.

"여튼, 한국에 들어오셨는데, 많이 안 좋다나 봐. 한번 찾아가 봐."

"어… 그래. 알았어. 고마워…."

교민이의 마음이 좀 복잡해졌다. 하지만 이내 정리되었다. 자기가 그 시절 좋아했다고 하더라도 이제는 시간도 많이 흘렀고 예전의 감정도 다 사라졌다. 또 교회에서 그다지 친하게 지내지 않았다고 생각했기 때문에 굳이 병문안을 갈 이유가 없다는 결론에 도달했고, 더 이상 마음에 담아 두지 않고서 집으로 돌아왔다. 하지만 엄마가 똑같은 이야기를 꺼냈다.

"교민아! 너 윤지영 선생님이라고 알지?"
"응, 알아. 아까 오면서 친구한테 들었어. 교통사고 났다면서?"
"어, 그래 아는구나. 근데 선생님한테서 전화가 왔어. 꼭 한번 너를 보고 싶다는 거야."
"어? 왜 나를?"
"왜, 니가 한참 좋아한 선생님이었잖아. 병문안 좀 가 보렴."
"어? 어… 알겠어. 병원이 어디래?"

교민이는 이번에는 자기가 윤 선생을 좋아했었다는 것을 부정하지 않았고, 자기도 모르게 서둘러 병원으로 향했다. 8년이나 지났는데, 갑자기 왜 선생님이 자신을 찾는지 궁금해졌다. 그리고 그때 그 사건에 대해서 서운한 마음에 항변하고 싶기도 했다. 병원에 도착했을 때, 윤 선생의 가족들이 먼저 교민이를 맞이했다.

"아… 양교민 형제군요! 우리 딸아이가 그렇게 많이 얘기하던….”

"저를요."

"예, 늘 이야기했어요. 자기가 처음 맡았던 반의 첫 번째 제자라고. 그런데 자기가 잘해 주지 못해서 늘 마음에 남는다고….”

윤 선생의 어머니는 딸의 이야기를 이어 갔다. 윤 선생도 '모태 신앙'이었지만, 아무것도 못 하는 '못해 신앙'이었다고 했다. 그러다가 고등학교 때 예수님을 영접했고 그때 꿈이 바뀌었다고 했다. 선교사가 되기로 헌신했고, 차근차근 준비하는 과정에서 처음으로 고등부 교사를 지원했는데, 그때 첫 제자가 '양교민'이라고 했다. 그런데 양교민이 자신의 말 때문에 상처를 받아서 더 이상 분반 공부에 참석하지 않았고, 그것 때문에 얼마나 많이 울면서 기도했는지 모른다는 이야기를 해 주었다. 그렇게 양교민의 일을 마음속에 둔 채로 선교지에 나갔다가 지금 이런 상황에 이르렀다고 이야기해 주었다. 가족들 모두는 기도하며 윤 선생의 마지막을 지키고 있었다.

"교민 형제, 우리 딸아이 한번 만나 주세요."

윤 선생의 어머니는 눈물을 글썽이며 부탁했다. 교민이는 중환자실 밖 유리창에 기대어 윤 선생을 바라보았다. 그의 몸에는 온갖 링거와 장비들이 주렁주렁 달려 있었고, 눈도 뜨지 못한 채 가쁜 숨을 쉬고 있었다.

"선생님, 미안해요. 그때는 제가 참 어리석고 너무 교만했어요. 그 일로 제가 상처를 많이 받았다고 생각했는데, 선생님의 상처가 더 컸네요. 늦었지만 용서해 주세요."

교민이는 그렇게 창밖에서 눈물을 흘리며 선생님께 용서를 구했다. 그리고 그 자리에서 무릎을 꿇고 기도하기 시작했다.

"주님, 우리 선생님 살려 주세요. 제가 너무 교만해서 나 자신만 바라보고 선생님 마음은 알지 못했습니다. 그래서 깊은 상처를 주었습니다. 용서해 주세요. 선생님이 깨어나서 직접 이 모든 이야기를 나눌 수 있도록 해 주세요."

교민이는 간절히 기도했다. 자기도 모르게 쏟아져 나오는 눈물을 주체하지 못한 채 엎드려 간절히 기도했다.

"교민아, 내가 너를 사랑한단다. 너는 교만하지 않단다. 나는 너를 너무 잘 알고, 네 마음을 잘 안단다. 이제 그만 일어나거라. 너에게 맡겨진 양들을 먹여라."

예수님께서 처음으로 교민의 기도에 응답하셨다. 하지만 그만 일어나라는 주님의 말씀에 덜컥 겁이 났다. 교만했던 다윗에게 하셨던 방법이 생각났기 때문이다. 밧세바와 사이에서 낳은 첫째 아이가 앓아눕게 되자, 다윗은 아들을 살리기 위해서 금식하며 하나님께 기도했다. 하지만 하나님은 다윗의 간구를 들어주지 않으셨다. 그러나 그 일로 하나님의 뜻은 이루어졌다. 다윗은 이 사건을 계기로 교만한 마음을 버리고 주님께 돌아왔기 때문이다.

교민이도 자신의 간구가 하나님의 뜻과는 다른 것이 아닌지 두려웠다. 또 맡겨진 양들을 먹이라는 것도 두려웠다. 교민이는 지금까지 그런 생각을 단 한 번도 해 본 적이 없었기 때문이다. 그래서 주님의 응답이 마치 주님 뜻에 따라 선생님을 데려가시고 그 자리를 대신해서 교민이가 채우라는 것처럼 들렸다.

"주님, 아닙니다. 저는 부족합니다. 제게 맡겨진 양이라니요. 저는 못합니다. 그리고 선생님을 살려 주세요. 주님께서 선생님을 통해서 하셔야 할 일이 많지 않습니까? 제발 살려 주세요."

교민이의 기도는 점점 간절해지고 뜨거워졌다. 그리고 기도가 깊어질수록 다급한 마음은 차츰차츰 가라앉았다. 하나님의 음성에 처음에는 겁이 났지만 점점 차분해졌고, 하나님의 음성에 더 깊이 귀를 기울이기 시작했다. 그리고 기도가 바뀌기 시작했다.

"저는 지금까지 주님을 몰랐습니다. 주님의 뜻이 무엇인지 가르쳐 주세요. 그리 아니하실지라도 주님의 뜻에 순종하겠습니다. 제가 주님을 위해 해야 할 일을 가르쳐 주시고, 맡겨진 양이라고 하셨던 그 양을 찾아가게 하시고, 또 어떻게 해야 하는지 알려 주세요."

양교민의 기도는 이제 완전히 바뀌었다. 기도뿐만 아니라 그의 인생 목표가 바뀌었고, 새로운 비전이 생겼다. 윤 선생의 뒤를 이어 A국의 선교사가 되는 것.

(5) 2019. 3. 22.
"저도 교회만 열심히 다녔지, 예수님을 만난 적이 없는 사람이었어요. 그러다가 그 선생님 때문에 기도했고, 예수님을 만났고, 지금 여기까지 왔습니다. 예수님이 아니었으면 저는 여기에 있지도 못했고, 당신을 만나지도 못했을 겁니다."

지금까지 양우리 선생의 말을 듣던 이방 청년의 눈은 점점 커졌고, 도저히 믿을 수 없다는 듯한 얼굴로 물었다.

"그게 정말인가요? 기도하면 예수 메시아가 말씀해 주시나요?"
"네, 그럼요. 정말이에요. 당신들이 아침저녁으로 하는 건 기도라기보다는 그냥 습관이에요. 그냥 무릎을 꿇고 엎드리긴 했지만, 딱히 뭔가를 간절히 빌어 본 적은 없죠? 그죠?"
"예…. 그렇긴 하지만…"
"당신이 선지자로 알고 있는 그분이 나를 이렇게 완전히 바꾸신 구원자예요. 그분이 어떤 분인지 더 알았으면 좋겠어요."

양 선생은 이 청년에게 더 많은 것을 알려 주고 나눠 주고 싶었다. 하지만 그들에게 주어진 시간은 거기까지였다. 청년이 내려야 할 때가 되었기 때문이다.

"아, 죄송해요. 저 이제 내려요. 좋은 말씀 많이 들었습니다. 그리고… 당신이 만난 예수 메시아를 더 알고 싶은데, 어떻게 해야 할까요?"

양 선생은 마침 딱 한 권 남은 A국 쪽복음서를 가방에서 꺼냈다.

"이 책을 드릴게요! 집에서 읽어 보세요. 그리고 이름이 어떻게 되시죠?"
"이슈마엘입니다."
"너무 반가웠습니다. 분명히, 언젠가 다시 만날 겁니다. 이슈마엘 씨."

이슈마엘은 그렇게 성경을 받아서 버스에서 내렸다. 양 선생은 차에서 내려 어두운 골목으로 사라지는 이슈마엘을 보면서 또 한 번 간절히 기도했다.

"주님, 저 청년을 만나 주십시오."

(6) 2019. 6. 4.
양우리 선생은 선교지를 방문하거나, 아웃리치라는 이름으로 오는 한국의 그리스도인들을 두세 명씩 팀을 짜서 전도여행을 보냈다. 말이 잘 통하지 않아도, 그들의 사는 모습을 보고서 자신이 잘못 가지고 있던 선입견을 깨는 데 도움이 되기 때문이다. 또 이렇게 전도여행을 하고 나면 한국으로 돌아가서 A국을 위해서 더 기도하며 선교를 다시 생각하는 사람이 되기 때문이다. 다행히 A국 사람들은 친절하다. 더군다나 '코리안'이라고 하면 아주 반가워하기 때문에, 마음만 통한다면 각 가정에서 손님으로 깍듯이 대접하는 문화를 경험할 수도 있다. 이번 아웃리치 팀의 임 집사와 신 집사도 전도여행을 신청했고, 양 선생은 그들에게 전도여행에 대한 여러 가지 정보와 방법을 안내하고 있었다.

"아시죠? 호칭 임 집사님, 신 집사님 아닙니다. 보안상 여기서는 부장님이나 과장님으로 부르셔야 해요. 저도 양교민 선교사가 아니라 양우리 선생님이라고 불러 주시고요."

보안이라고는 하지만, 사실 한국어를 할 줄 아는 사람이 이 나라에는 거의 없기 때문에 이렇게 부르지 않아도 그만이다. 그러나 '부장', '과장'이라는 호칭은 두 사람에게 굉장히 비장하고 거룩하게 다가왔다.

양 선생은 임 부장, 신 과장에게 기존과 다른 조금 특별한 전도여행 코스를 추천했다. 전도여행은 대부분 큰 도시 중심으로 다니지만, 두 사람이 가야 할 코스는 작은 마을이었다.

"저기요, 양 선생님! 이 지역은 어떤 지역인가요?"
"예, 아주 작은 마을입니다. 하지만 분명히 가야 할 이유가 있습니다."

"아! 그렇군요. 다른 팀은 큰 도시인데, 왜 저희만 작은 마을인가요? 이해하기 쉽지 않은데요."

이때 양 선생의 아내인 윤 선생이 귀띔을 해 주었다.

"사실은 양 선생님이 저 마을에 사는 어떤 청년에게 성경을 전달한 적이 있는데, 이번 전도여행에서 그 청년을 찾을 수 있었으면 해서요."

임 부장과 신 과장에게는 작은 마을로 들어가 청년을 찾는 임무가 주어졌다. 두 사람은 그 마을에 마침내 도착했다. 버스 정류장 주변에 몇몇 상점만 있는 정말 작은 마을이었다. 두 전도자는 상점에 들어가 물과 약간의 간식거리를 샀다. 그리고 가게 주인에게 손짓발짓 다 하며 때로는 휴대폰 번역기 앱을 써 가며 이것저것 물어보았다.

"이 마을에는 몇 명이나 사나요?"
"한 이천에서 삼천 명쯤 살아요."

임 부장과 신 과장은 속으로 쾌재를 불렀다. 많아야 3,000명이고 몇 명쯤 만나면 어떻게든 그 청년을 만날 수 있을 것 같앉다. 두 전도자는 곧바로 길가로 나가서 사람들과 간단한 인사를 하며 그 청년을 찾기 시작했다. 하지만 두 시간이 채 못 되어 그들의 흥분은 가라앉았고, 무모한 일임을 알게 되었다. 낮의 태양은 점점 더 뜨거워졌고, 말이 3,000명이지 서울에서 김 서방 찾는 것과 다를 바 없었다.

더욱이 그들이 찾아야 할 청년에 관해서 양 선생은 정보도 제대로 주지 않았다. '청년'이라는 것밖에 아는 바가 없었다. 이름이라도 가르쳐 주면 쉽게 찾을 법도 했지만, 외지인이 잘 찾아오지 않는 작은 마을에 낯선 동양인이 사람을 찾는 것도 이상한데, 갑자기 특정한 이름을 대며 찾는다면 그게 더 이상한 일이기 때문에 양 선생은 굳이 알려 주지 않았다. 벌써 지쳐 버린 신 과장은 혼잣말로 중얼거렸다.

"대체 누구야? 성경을 가져갔다는 사람이…."

임 부장도 사람들에게서 단서 같은 것을 찾고 있었다. 하지만 그 역시도 어떤 단서도 찾을 수 없었다. 신 과장은 이미 불가능해 보이는 미션 때문에 더위에 지쳐서 크게 한국말로 소리쳤다.

"성경, 누가 가져갔나요? 누가 가져간 거예요? 저희가 이렇게 찾고 있어요!"

신 과장은 '어차피 아무도 못 알아듣는데 어떠냐!' 하는 마음으로 한국말로 크게 외쳤다. 이 마을에서 오직 두 명만 알아들을 수 있는 언어로 크게 외쳤다. 모두가 들을 수는 있으나 알아들을 수 없는 그 말. 마을 사람들은 신기한 눈으로 잠시 그들을 쳐다볼 뿐 아무런 반응도 하지 않았다.

⑺ 2019. 6. 5.

이슈마엘은 고향에서 이제 막 집으로 돌아왔다. 해마다 맞이하는 라마단 종료 기념일에 찾아가는 고향이지만, 이번에는 많은 것이 달라져 있었다. 그에게 있어 라마단은 더 이상 뜨거운 태양 아래 밥도 못 먹고 물도 못 마시는 의미 없는 날들이 아니었다. 라마단은 새로운 도전의 날로 바뀌었다. 그래서 이번에 가족들에게 방문했을 때, 먼저 예수 메시아의 이야기를 해 보았다. 아직은 서툴고 잘 모르지만, 처음으로 예수 메시아를 전하고 싶어졌다. 몇 달 전 이름 모를 동양인에게서 받은 한 권의 책이 그의 삶을 바꿔 놓았기 때문이다.

"이슈마엘! 고향 집엔 잘 다녀왔니?"

"예, 아저씨. 덕분에요. 별일 없으셨죠?"

"응. 뭔 일이 있겠니. 참! 어제 우리 동네에 웬 동양 사람이 왔지 뭐니?"

"예? 동양인이요? 여기에요? 관광지도 아닌데 왜 왔을까요? 길을 잘못 들었나?"

아저씨는 어제 보았던 신기한 광경을 이슈마엘에게 전해 주었다.

"아, 글쎄… 이 동양 사람들이 몇 시간 동네를 왔다 갔다 구경하더라고. 뭐 관광객인가 했는데, 갑자기 한 사람이 동네 한복판에서 뭐라 뭐라 크게 소리를 지르는 거야. 우리가 아무도 못 알아듣는데, 자기네 말로 이야기를 한 거야. 어쩌라는 건지…. 하하하하!"

"아, 그래요. 그 사람들, 아직 우리 마을에 있을까요?"

"아니, 어젯밤에 무함마드가 자기 집에 초대해서 거기서 자고 오늘 아침 버스로 떠났어."

"아… 그렇군요."

이슈마엘은 마을을 찾은 두 명의 동양인이 혹시 자기가 전에 버스에서 만났던 사람은 아닐까 생각했다. 하지만 아저씨의 말을 들어 보면 버스에서 만났던 사람은 아닌 게 분명했다.

이슈마엘은 확신하고 있었다. 자신이 받은 책의 내용이 사실이라면 예수 메시아를 믿는 사람은 반드시 만날 수 있을 거라고 믿었다. 그 사람이 만났던 예수를, 또 자신이 만난 예수를 다른 사람들에게 이야기할 때가 반드시 올 것이라고 믿으며, 성경을 펴서 읽기 시작했다.

심추보

울산의 매력에 이끌려 교회를 개척한 경상도 사투리를 전혀 못 하는 목사. 건강한 다음 세대를 위해 영화 · 문학 · 글쓰기로 복음 전하기를 소망하고 있다.

단편 소설
가작

천운

황철순

***

모태신앙은 아니었으나 초등학교에 다니기 전부터 교회에 나갔다. 당시 매주 일요일 아침이면 TV에서 〈디즈니 만화동산〉을 방영할 때라 어린 나는 그걸 더 보고 싶어 했지만, 엄마는 나와 동생을 꼭 교회에 보냈다. 처음에는 엄마도 안 가면서 왜 우리만 보내냐고 툴툴댔다. 하지만 유난히 장난기 많던 나를 천사처럼 품어 주신 선생님이 좋아서 잘 다녔다. 하나님에 대해서는 잘 몰랐으나, 선생님을 통해 '하나님은 우리를 만드시고 사랑하시는 분'이라고 배웠다. 그리고 기도하면 뭐든지 들어주신다고도 배웠다. 그래서 그날부터 자기 전에 늘 기도했다. 보통은 장난감을 갖게 해 달라거나 좋아하던 여자애도 날 좋아하게 해 달라는 종류의 기도였는데, 사실 들어주신 적은 별로 없었다. 그러나 어느 순간 정말 간절히 기도할 수밖에 없는 일이 생겨 버렸다.

'하나님, 제발 엄마랑 아빠가 안 싸우게 해 주세요. 그러면 앞으로 말도 잘 듣고 거짓말도 안 할게요.'

언젠가부터 학교에 가는 것보다 집에 오는 게 더 싫었다. 매일 밤 다투는 엄마와 아빠 사이에서 밤이 찾아오는 게 너무 무서웠고, 그때마다 난 기도할 수밖에 없었다. 하지만 기대와는 달리 부모님의 갈등은 점점 깊어졌고, 결국 이혼을 하셨다. 초등학교 4학년 여름방학이 끝난 날이었다. 개학 첫날 평상시처럼 학교를 마치고 오니, 아빠가 갑자기 짐을 싸라고 했다. 앞으로는 할머니 댁에서 살 거라고 했다. 그러면서 이제 엄마는 잊으라고 했고, 엄마라고 부르지도 말라고 했다. 그렇게 나와 동생은 정들었던 학교와 교회 친구에게 인사할 새도 없이 그날부터 시골 할머니 댁에 따로 맡겨졌다. 어린 나이에도 엄마가 아빠에게 잘못했다는 건 알 수 있었으나, 그럼에도 엄마가 보고 싶었다. 그러나 엄마는커녕 IMF로 아빠가 다니던 공장이 부도 앞에 놓이면서 아빠도 점점 볼 수가 없었다. 원래 할머니 할아버지는 명절에만 뵀었는데, 이제는 그렇게 한 식구가 되었다.

갑작스레 할머니 댁에서 지내면서 모든 것이 낯설었고, 학교도 마찬가지였다. 전에도 그리 큰 학교는 아니었으나 한 교실에 두 학년씩 지내야 할 만큼 작진 않았다. 거기다 대부분의 아이들이 서로 얽혀 있었다. 친구의 아빠들이 아빠의 친구들이었다. 그래서 나는 딱히 밝히고 싶지도 않았지만, 전학 첫날부터 얘네 집 이혼해서 온 거라고 놀리는 아이들이 있었다. 그때마다 나는 강하게 아니라고 주장하긴 했으나, 믿는 친구들은 거의 없었다. 그밖에 생활적인 면에서도 낯선 것들이 참 많았다. 그래도 친숙한 건 하나 있었다. 바로 교회였다. 할머니가 교회 집사님이셨기 때문에 자연스럽게 계속 다니게 되었다. 만약 할머니가 교회가 아니라 절에 다니셨다면 어땠을까? 함께 절에 따라다녔을지는 모르겠으나, 어차피 기도해도 안 들어주시는 하나님을 계속 믿었을지는 의문이다. 다만 그런 불확실성 속에서 난 교회에 계속 다니게 되었고, 의지할 대상이 유일했던 하나님께 계속 기도했다. 다른 기도 제목은 없었다. 그저 다시 엄마랑 아빠가 같이 살게 해 달라고 빌었다. 그것만이 여기서 나를 벗어날 수 있게 하는 유일한 방법이라 생각했다. 그러나 하나님은 그 기도를 들어주시기보다는 반대편을 택하신 것 같다. 더 이 현실에 잘 적응할 수 있는 쪽을 말이다.

 1년쯤 지나, 정말 꿈처럼 엄마가 찾아왔다. 아이들이 보고 싶어서 왔다고 했다. 나는 기분이 매우 좋았다. 갈수록 옅어지긴 했으나, 하나님이 드디어 내 기도를 들어주신 것 같았다. 지금까지 한 번도 그럴 일이 없었는데, 처음으로 아이들을 집으로 초대했다. 워낙 아이들이 적어서 나중에는 다 친해졌지만, 그래도 부모님이 이혼했다고 놀린 시기도 있었던 만큼, 직접 아이들에게 엄마를 보여 주고 싶었다. 그리고 자랑하듯이 아이들에게 엄마를 보여 줬다. 할머니 댁에 살면서 그만큼 기쁜 날이 없었다. 하지만 한 달이나 채 됐을까? 엄마는 다시 짐을 싸셨다. 할머니 말로는 자식들 보고 싶다고 오더니 결국 자식들 버리고 갔다고 하시던데…. 정확한 이유는 지금도 모른다. 그저 나와 동생으로부터 점점 멀어져 가는 엄마의 뒷모습을 보면서, 아빠가 그렇게도 원했던 마음을 드디어 먹었던 기억만 있다.

'이제 진짜로 당신은 내 엄마가 아니야. 다시는 절대 엄마라고 부르지 않을 거야.'

그리고 그 사건을 계기로 이제는 완벽하게 시골 삶에 순응하며 살 수 있었다.

당시 우리 동네는 마을 이장님도 인정할 만큼 시골 중의 시골이었다. 주변에 논과 밭 말고는 아무것도 없던 동네에서는, 교회만이 유일한 문화 공간이자 쉼터였다. 특히 학교에 가지 않는 방학 때는 성경학교 시간을 통해 새로운 찬송가를 배운다거나 같이 해수욕장에 놀러 가기도 하고, 겨울에는 크리스마스를 준비하면서 매일같이 교회에서 어울려 지냈다. 물론 시골 교회라 아이들에게 해 줄 수 있는 게 분명 한계는 있었지만, 돌아보면 그런 교회가 있었기에 그래도 그 시기를 비교적 잘 견딜 수 있었다. 만약 당시에 어린이날이나 크리스마스 때 주는 그 과자 한 봉지마저 없었다면, 왠지 그 시기가 더 서글펐을 것 같다. 그리고 그건 근방에 있는 중학교에 진학해서도 마찬가지다.

중학교는 그래도 학년당 한 반씩이었으나, 그래 봤자 우리 학년은 여섯 명이 전부였다. 그런데 그중에 세 명이 교회에 다니고 있었기에, 다른 친구들도 우리를 따라서 아무 때나 교회에서 같이 놀았다. 그때의 우리는 학생으로서 딱히 불량하지는 않았으나 그렇다고 특별히 열심이지도 않았다. 어렴풋이 읍내에 있는 한 고등학교에 가고는 싶어 했으나, 여섯 명이 모두 고만고만한 성적이라, 담임 선생님은 그것도 힘들 거라고 하셨다. 하지만 중학교 2학년에 올라가자 그런 삶에 큰 변화가 생겼다. 이번에도 여름방학이 끝날 때였다. 아빠가 재혼하게 된 것이다.

하루는 특별한 날도 아닌데 할머니가 집에 있으라 하셨다. 아빠가 새엄마가 될 분이랑 같이 올 거라고 하셨다. 아빠가 누군가를 만나고 있는지도 몰랐기에 기분이 묘했다. 실제로 아빠가 한 아주머니와 함께 오셨다. 나는 어색하게 인사를 드리고 구석에 앉아 있었다. 재혼은 진짜였고, 이제부터는 아빠가 자리 잡은 곳으로 이사를 해서 같이 살 거라고 했다. 당황스러웠다. 아빠가 재혼하는 건 둘째로 치더라도, 이사를 한다는 게 거부감이 들었다. 이렇게 갑작스럽게 또 정들었던 곳을 떠나는 게 싫었다.

똑똑한 동생은 아빠와 새엄마를 따라 바로 이사를 갔지만 나는 좀 더 버텼다. 그러나 대세가 바뀐 상황에서 혼자서는 딱히 할 수 있는 게 없었기에, 얼마 못 가서 곧 합류하게 되었다. 하지만 그 약간의 시기도 새엄마는 마음이 쓰이셨는지 내가 합류한 첫날부터 굉장히 잘해 주셨다. 갑자기 새엄마에게 너무 죄송해졌다. 괜히 내가 못나게 군 것 같았다. 겉으로 크게 내색은 안 했으나 그날부터 바로 '엄마'라고 부르며 잘 따랐다. 물론 서로가 처음이다 보니 어쩔 수 없는 어색함도 있었으나, 할머니와 그랬던 것처럼 조금씩 그렇게 우리는 가족이 되어 갔다.

새로 이사 온 곳은 지방의 중소도시로, 할머니 댁에 오기 전 살던 지역이었다. 어떻게 보면 원래의 고향으로 돌아온 것인데, 다만 그전에 살던 동네와는 차이가 있었다. 전에는 같은 지역이어도 행정 구역이 면(面)에 속한 곳이어서 그래도 작은 마을이었으나, 지금은 시 중심부에 살면서 생활권에서 많이 달라졌다. 게다가 바로 직전까지 할머니 댁에서 지내다 보니 시내의 아파트에서 산다는 건 천지가 개벽할 정도의 큰 차이였다. 예를 들면 전에는 TV로 볼 수 있는 채널이 오직 KBS 하나밖에 없었는데, 이제는 수백 개의 채널을 골라서 볼 수가 있었다. 거기다 초고속 인터넷이 깔린 컴퓨터로는 언제든지 내 마음대로 게임을 할 수 있었고, 굳이 읍내에 버스를 타고 가지 않아도 걸어서 만화책방 같은 곳도 갈 수가 있었다.

다만 많은 것이 달라진 학교생활은 역시나 쉽지 않았다. 한 반에만 남자애들이 40명 가까이 바글거리는데, 그런 게 아홉 반이나 있었다. 게다가 그중에는 상당히 거친 스타일의 아이들도 있어서 한 번도 느껴 보지 못했던 약육강식의 세계에 발을 들인 느낌이었다. 그동안 가질 필요 없던 생존 본능을 깨울 필요가 있게 된 것이다. 이 먹이사슬 중간에 합류한 나의 선택지는 오직 둘 중 하나였다. 싸움을 잘하든가, 그게 아니면 공부를 잘하든가. 싸움을 잘하는 게 제일 좋아 보였으나, 아무래도 그건 자신이 없었다. 어쩔 수 없이 처음으로 눈에 불을 켜고 시험공부를 했다. 여섯 명이 듣던 수업을 40명이 듣다 보니 집중이 어려웠지만, 최소한의 무시를 안 당하기 위해서는 어쩔 수 없는 선택이었다. 지금은 가당치도 않은 일이지만, 당시에 엄마는 내가 최소한 검사라도 될 줄 알았다고 한다. 사실 나는 그런 애가 아니었다. 나를 처음 본 엄마의 눈에는 그렇게 보였나 보다.

하지만 중학교 3학년에 올라가고 학교생활에 적응하면서 그전처럼 공부할 필요성이 사라졌다. 애초에 별다른 목표가 있어서 공부했던 것이 아니었기에 당연히 성적도 점점 떨어졌다. 나도 이유는 모르겠는데 뒤늦게 사춘기가 왔는지, 괜히 삭발도 해 봤다가 조퇴도 해 봤다가 나중에는 고등학교 진학까지 포기하려 하자, 어느덧 반에서는 점점 문제아가 되어 있었고 어울리는 친구들도 바뀌어 있었다. 담임 선생님을 포함하여 몇몇 선생님이 일부러 시간을 내서 이런저런 면담도 해 주셨으나, 딱히 이유가 없어 내 행동에 대해 따로 말씀드리지 않았다. 그나마 명분을 찾자면, 서로 경쟁하는 분위기가 싫다는 정도였다.

그러던 차에 하루는 같은 반 아이가 자기네 교회로 날 초대했다. 중고등부에서 무슨 행사를 한다고 했던 것 같다. 순간 호기심이 일었다. 이사하면서 따로 교회는 다니지 않고 있었는데, 그런 제안이 내심 반가웠다. 혹시나 이상한 곳일까 싶어서 무슨 교회인지 한번 물어봤더니, 마침 전에 다니던 교회들과 같은 교단이길래 순순히 알겠다고 했다. 거침없는 내 대답에 나도 놀랐으나 그 친구는 더 놀랐는지, 흥분된 표정으로 그날 오면 다들 좋아할 거라고 했다. 막상 당일에 가 보니 사람들이 그렇게까지 좋아했는지는 모르겠지만 그래도 왠지 마음은 편했다. 그동안 계속 다니던 교회에 안 나가고 있던 것에 뭔가 찝찝함이 쭉 있었는데, 그게 홀가분해지는 기분이었다. 그래서 다음 주에도 오라는 임원 누나의 말을 핑계 삼아 계속 교회에 나가게 됐고, 주말마다 교회에 발이 묶이다 보니 어울리던 친구들과도 자연스럽게 멀어졌다.

교회로 인도했던 애가 나를 굉장한 모범생으로 소개해서, 교회에서만큼은 최소한 그에 걸맞은 모습으로 지낼 필요가 있었다. 그런 생활이 이어지다 보니, 이제는 반대로 고등학교에 안 갈 수가 없었다. 물론 그사이에 부모님과 선생님의 계속되는 설득도 있어서 여러모로 마지 못하는 척 고등학교에 원서를 넣었다. 사실 나름 지역에서는 알아주는 고등학교라 시험 당일까지도 입학에 대해 반신반의하긴 했지만, 어쩐 일인지 합격할 수 있었다. 덕분에 나의 내적인 실체와 상관없이 교회에서만큼은 썩 괜찮은 외형을 유지할 수 있게 되었고, 어느덧 중고등부 임원까지 맡게 되었다. 그리고 교회 행사로 학교 자율학습도 빼먹는 일이 잦다 보니, 이제는 교회 말고 학교에서조차 공식적인 예수쟁이가 되어 있었다. 하지만 그게 싫지는 않았다. 오히려 남들과는 다른 나의 자아로 인식했다. 아마 고등학교 1학년 때 처음 가 본 여름 수련회가 큰 계기가 되었던 것 같다.

　전에 교회에서는 수련회라고 들어 본 일이 없었다. 그래서 이번에 처음으로 '여름 수련회'라는 곳을 가게 되었는데, 준비하는 과정부터 다들 기대하는 게 느껴졌다. 나는 잘 몰랐지만, 가면 이제 성령도 받고 방언도 받고 아무튼 굉장히 좋다고 했다. 명색이 임원이라 함께 준비하면서도 개인적으로는 처음이다 보니 설레기도 하고 궁금하던 참이었는데, 듣던 대로 첫날부터 굉장했다. 평소 얌전했던 아이도 거기서는 막 신나게 찬양하는 모습을 보며 나도 곧 그 대열에 합류했다. 또 아침, 점심, 저녁으로 계속해서 말씀을 들으면서, 들을수록 가슴이 뜨거워졌다. 그러다 하루는 시키는 대로 막 열심히 기도하는데 지금껏 한 번도 생각해 보지 못한 마음이 불현듯 떠올랐다.

　'하나님께서 나를 지켜 주고 계셨구나.'

　나는 몰랐으나 그동안 하나님께서 엄마와 아빠의 빈자리를 계속 채워 주고 계셨다는 생각을 마주하자 갑자기 하염없이 눈물이 났다. 모든 것이 감사했고, 모든 것이 죄송했다. 그리고 처음으로 날 두고 간 엄마도 용서할 수 있었다. 지금 생각하면 상당히 창피하긴 한데, 그날 밤 집에 전화해서 앞으로는 부모님께 더 잘하겠다고도 했다. 물론 지금까지 한 번도 그 말을 지킨 적은 없다. 그래도 그날부터 하나의 목표는 생겼던 것 같다. 앞으로 하나님의 일을 해야겠다고 말이다. 구체적인 방향은 없었다. 하지만 그런 마음을 학창 시절 내내 품고 있었고, 그러면서 고등학교도 가지 않으려던 아이에게 어느 순간 가고 싶은 대학교가 생겼다. 서울의 한 신학교. 우연하지 않게 지금까지 같은 교단의 교회에만 다녔었기에, 이름으로 봤을 때 이 학교가 제일 마음이 끌렸다. 그래서 실제로 대학교 입학이 확정되었을 때, 기분이 매우 좋았다. 이제야말로 진짜 예수쟁이로서 원하던 삶을 살 수 있을 것 같았다.

  신학교 생활하면서 가장 많이 들어 본 말이 있다면, '신학'과 '신앙'은 다르다는 말이었다. 물론 공부를 깊이 있게 안 해서 그에 대한 참의미는 모르겠다. 하지만 나의 캠퍼스 생활은 좋음과 싫음이 공존하는 양가감정의 시기였다. 교내 합창단을 하면서 캠퍼스 생활은 재밌게 보냈으나, 정작 교회에서는 행복하지 못했다. 중고등부 시절 교회 생활이 참 좋았고, 그래서 목회를 꿈꾸며 신학교에 입학했는데, 이상하게 점점 마음이 어렵고 교회가 불편해졌다. 남들은 군대에 다녀오면 철이 든다고도 하던데, 나는 제대 후에도 갈피를 못 잡았고 결국 학교를 그만두게 되었다. 주변에서는 3학년까지 다녔으니 그래도 졸업은 하는 게 낫지 않겠냐고들 했지만, 목사를 할

게 아니었기에 신학교 졸업장은 큰 의미가 없어 보였다. 무엇보다 새로 도전하고 싶은 일에 스물여섯이라는 나이가 매우 다급하게 느껴졌다.

어릴 때부터 재밌다는 소리를 많이 들었다. 내 딴에는 굉장히 우울하게 보냈던 때도 친구들은 날 웃기던 아이로 기억하는 걸 보면, 누군가를 웃기고 싶은 본능은 어쩔 수가 없었나 보다. 어쩌면 그런 면은 예전의 엄마를 닮았는지도 모르겠다. 그래서 나는 고민 끝에 개그맨이 되어야겠다는 마음으로 무작정 코미디 극단에 들어갔다. 비록 목사의 꿈은 실패했으나 개그맨으로 유명해져서 영향력이 있는 사람이 되고 싶었다. 극단 일을 시작하면서 수중에 돈도 없고 뚜렷한 선후배 문화가 힘들 때도 있었지만, 그래도 하고 싶은 걸 하니까 마음만은 편했다. 일종의 어떤 해방감이었는지도 모르겠다. 극단에서 마주한 불합리한 면들은 꿈을 위한 당연한 희생으로 여겼고, 처음 겪는 문화들에는 하루라도 빨리 적응하기 위해 최선을 다했다. 마치 고삐 풀린 망아지와 같은 삶 덕분에 빠르게 신학생의 때도 벗을 수 있었다. 변명일 뿐이지만 그때는 그게 열심이고 스스로 정답이라 여겼다. 다만 생각과는 다르게 공채 시험에 몇 번 떨어지다 보니까 갈수록 불안감이 커졌다.

남들보다 시작도 늦었는데 1년에 한 번 있는 공채 시험에서 떨어지니 계속해서 나이만 먹는 기분이었다. 점점 위축되는 마음과 더불어 삶은 점점 피폐해졌다. 처음 이 일을 시작했을 때 해 주던 응원들도 갈수록 부담스러워 점차 숨게 되었고, 어쩌다 누군가를 만나도 위축되지 않으려 더 과장되게 행동했다. 그리고 제일 안타까운 건, 어느덧 내 삶에 하나님은 빠져 있었다는 것이다. 삶의 정답이 꼭 개그맨일 필요는 없었는데, 오로지 인생의 목표는 방송국 공채 개그맨. 정확히는 KBS 공채 개그맨 하나만 보고 달려갔고, 그 밖의 것들은 전혀 돌보지 못했다. 지금이야 어떻든 개그맨만 되면 모든 것이 해결될 것 같았다. 한 번씩 스스로에 의문을 품기도 했으나 이미 많은 것이 망가지고 버린 몸이라 여겨지니 애써 그 마음을 외면하며 점점 더 어긋난 삶을 살았다. 신앙은커녕 양심적인 삶도 살지 못했다. 꼭 목회가 아니어도 선한 영향력을 끼치는 개그맨이 되겠다며 이 일을 시작했는데, 전혀 다른 삶을 살면서 오히려 나로 인해 주변 사람들에게 하나님을 욕보이는 지경까지 와 버렸다. 이제 나 같은 놈이 하나님을 찾는다는 건 말이 안 됐다. 넘을 수 없는 강을 건너 버렸다.

  유일한 희망으로 여겼던 방송국 공채 시험이 하나둘 사라지면서 소위 말하는 '멘탈 붕괴'가 온 사람들이 많았다. 그러면서 누군가는 다시 고향으로 돌아갔고, 누군가는 새로운 콘텐츠로 계속 도전을 이어 가기도 했다. 그러나 어느덧 서른이 넘은 나는 극단에서 만난 친구와 결혼을 생각하면서 좀 더 안정적인 일자리가 필요했다. 극단 생활 외에도 간간이 행사를 뛰면서 프리랜서 MC로 돈을 벌긴 했으나 고정적이지 못했고, 개그맨을 준비하면서 아르바이트 개념으로 했던 거라 따로 이 일에 딱히 뜻을 두고 있지는 않았다. 그러면서 일단 돈을 벌자는 급한 마음에 알고 지내던 실장님 밑에서 무턱대고 일을 하다가 큰 상처를 받기도 했다.

개그만 보고 달려 온 삶에 막막함을 느낄 때쯤이었다. 공연 기획 제안을 받아서 다시 공연 일을 시작할 수 있게 되었다. 배운 게 도둑질이라고 극단 생활을 함께했던 사람들과 사무실을 꾸리고 지자체나 학교 등을 대상으로 공연을 다녔다. 어찌 보면 결혼을 앞둔 내 상황에서 할 수 있는 가장 쉬운 길을 택한 것이었으나, 다행히 일의 만족도는 높았다. 꿈꾸던 방송 활동까지는 아니었지만, 다니는 현장에서 사람들에게 웃음을 줄 수 있어서 좋았다. 무엇보다 그 일로 그전보다 안정적으로 돈도 벌 수 있었으니, 이만하면 만족스러웠다.

다만 그 시기가 그리 오래가지는 못했다. 모두가 힘든 시기였기에 이런 표현이 조심스러우나 코로나19가 덮친 그 2년이라는 시간은 내게 정말 지옥과 같았다. 잡혔던 공연 일정이 갑자기 미뤄졌다가 다시 또 잡히고, 결국 취소되는 반복적인 희망 고문 속에서 가장으로서 내가 할 수 있는 최선은 택배상하차와 같은 단기 아르바이트밖에 없었다. 언제 공연이 잡힐지 모르니 단기 일자리밖에 할 수가 없는데 그나마 택배는 언제든 일을 할 수가 있었다. 하지만 그마저도 결국 몸에 무리가 오면서 다른 일자리들로 대체할 수밖에 없었고, 그러다 보니 아무래도 수입이 적었다. 모아 놓은 돈도 없고 수입이 일정치 않았기에, 늘 돈에 허덕였고 아내와 다투는 일도 잦아졌다. 거기다 신혼집으로 구했던 빌라까지 말썽이 생기면서 하루도 편할 날이 없었다. 6개월, 1년, 어떻게든 버텨 보려 했으나, 아무래도 코로나가 끝날 기미가 보이지 않아 도저히 더는 안 되겠다 싶어 함께 공연 일을 시작한 형에게 양해를 구하고서, 인력 사무소를 통해 공장에 들어갔다.

매일 이어지는 잔업에, 주말까지도 나와야 하는 상황이 반복됐다. 그래도 고정적으로 일할 수 있음에 감사했다. 일머리가 있는 편은 아니었으나 공장에서도 중간에 그만두는 사람들이 많다 보니 꾸준함 하나에 정규직 제안을 주셨다. 실제로 고민이 많이 되었다. 한 번도 생각해 본 적 없는 일이었기 때문이다. 하지만 그런 나와 별개로, 가족에게 매달 안정적으로 월급을 갖다줄 수 있다면 나름대로 의미 있는 삶이라 생각이 들었다. 그러다 보니 그 제안을 쉽게 거절할 수가 없었다. 그런데 그렇다고 혼자 사무실을 지키고 있는 형도 외면할 수는 없었다. 결국 형과 깊은 대화 끝에 아내에게도 동의를 구하고 다시 한번 의기투합하기로 했다. 그 배경에는 차츰 수 그러들기 시작하는 코로나를 향한 기대감도 한몫한 것 같다.

시간은 좀 더 걸렸지만, 정말 끝날 것 같지 않던 어두운 긴 터널도 끝이 났다. 사회적 거리 두기도 해제되면서 점차 일거리가 늘어났다. 그전보다 훨씬 감사한 마음가짐으로 현장을 다닐 수 있었고, 당장은 넉넉하지 않지만 그래도 미래에 대한 희망을 그려 볼 수 있었다. 하지만 내 생에 돈을 벌 팔자는 아닌가 보다. 어린이집 교사로 일하던 아내가 불현듯 연기를 다시 하고 싶다고 하는 것 아닌가. 결혼을 앞두고서 내가 안정적인 일자리를 고민했던 것처럼 아내도 어린이집 교사를 알아보고 있었고, 결혼생활을 하는 동안 자격증을 취득해 얼마 전부터 정식으로 어린이집 교사로 일을 하고 있었다. 물론 그전에도 한 번씩 연기에 대한 갈증을 이야기하긴 했다. 하지만 표정을 보니 이번에는 본격적으로 마음을 정한 모양이었다. 이제야 좀 숨통이 트이나 싶었지만, 비슷한 꿈을 꿨던 입장에서 그 마음을 마냥 외면할 수는 없었다. 한번 미련이 남으면 평생 후회가 되리라는 것을 잘 알고 있었고, 나보다는 아직 어린 아내를 응원해 주고 싶었다. 나는 알겠다고 했고 아무래도 걱정하실 것 같아 부모님께는 따로 말씀드리지 않기로 했다.

다시 허리띠를 졸라맨 생활이 시작됐다. 하지만 그전처럼 크게 싸울 일은 없었다. 아내도 본인이 하고 싶은 일을 해서인지, 전처럼 크게 요구하는 일은 없어졌다. 어쩌면 결혼 생활 하면서 처음으로 맞이한 그런 편안한 시기였다. 하지만 그 또한 이제는 돌아갈 수 없는 과거가 되어 버렸다. 모든 것이 그렇듯, 암도 갑자기 찾아왔다.

언제부턴가 바지를 입을 때면 유독 오른쪽 종아리만 꽉 끼는 게 느껴졌다. 그래도 따로 아프거나 하지는 않아서 대수롭지 않게 여겼는데, 딱딱하게 뭉치는 경우도 점점 잦아지고 핏줄까지 도드라져 동네 병원에 들러 보았다. 검사 결과를 보시더니 아무래도 악성 종양 같다며 알고 있는 가장 큰 병원으로 가라고 하셨다. 난 그때까지도 그게 무슨 뜻인지 몰랐다. 좀 더 대화를 나눠 보니 '악성 종양'이 곧 '암'이라는 걸 알았다. 순간적으로 당황한 나에게 의사 선생님께서 대뜸 한 가지를 질문하셨다.

"혹시 하나님을 믿나요?"

태어나서 처음 들어 보는 질문이었다. 어릴 때는 교회를 다니고 있었으니 들어 볼 일이 없었고, 요즘에는 요즘대로 아예 들어 볼 일이 없는 질문이었다. 게다가 이렇게 병원에서, 의사 선생님께 그런 질문을 받으리라고는 상상해 본 적이 없었다. 순간 머리가 띵했지만, 딱히 긴 얘기를 나누는 것도 그렇고 그냥 짧게 어릴 때 교회를 다녔으나 지금은 나가지 않고 있다고 했다. 의사 선생님은 그러냐는 대답 후에 책 한 권을 추천해 주셨다. 이민아 목사님이라는 분이 있는데, 그분이 쓴 책을 한번 읽어 보면 좋겠다고 하셨다. 이민아 목사님이 누군지 몰라 쉽게 대답하지 못했으나, 이어령 교수님의 딸이라고 해서 안도감과 함께 호기심이 생겼다. 목사님은 미국에서 변호사를 하셨는데, 나중에 하나님을 만나 목사가 되었으며 지금은 암으로 돌아가셨다고 했다. 아무래도 본인 생각에는 악성 종양으로 의심되고 전이 가능성도 있어 보인다면서 꼭 읽어 보면 좋겠다고 하셨다.

　우선 잡혀 있던 공연들을 진행한 후, 예약한 대학병원에서 이런저런 검사들을 받았다. 예상대로 암이 맞았다. 포상연부육종(Alveolar Soft Part Sarcoma)이라는 녀석이 종아리에서 폐와 뼈까지 전이가 됐다고 했다. 덤덤했다. 내게 올 것이 온 느낌이었다. 다만 이후의 치료 과정을 들으면서 눈앞이 캄캄해졌다. 내가 상상한 이상의 액수들이 내 귀에 왔다 갔다 했다. 따로 가입해 둔 보험도 없었기에 당장 죽는 것보다 치료 비용이 더 걱정되었다. 병원 문을 나서며 애써 태연한 모습을 유지하는 가족들을 바라보면서 나도 괜한 농담을 던져 보았다. 순간적으로 하나님을 찾고 싶었으나 차마 부를 수 없었다. 스스로 살아온 길을 잘 알기 때문에 염치가 없었다. 그저 속으로 가족들에게 폐는 끼치지 말자고 마음먹었다.

하루는 집에 오는 길에 의사 선생님의 말씀이 생각나 서점에 들러 이민아 목사님의 책을 사서 읽어 보았다.《땅에서 하늘처럼》이라는 책이었다. 한 페이지씩 읽는데 별 감흥이 없었다. 내가 생각한 내용도 전혀 아니었다. 나는 이어령 교수님의 딸이기도 하고 미국에서 변호사도 하셨다고 하길래 좀 더 지적이고 철학적인 내용의 책일 줄 알았는데, 그저 하나님은 당신을 사랑하신다는 내용의 매우 오글거리는 책이었다. 조금 읽는 척하다가 실망감에 책을 덮었다. 하지만 뭔가 마음에 위안을 얻고 싶어서 다른 책을 하나 집어 들었다. 서점에서 제목이 마음에 들어 함께 구매한《이어령의 마지막 수업》이라는 책이었는데, 앞에 책과는 다르게 술술 읽히면서 약간의 위안도 얻을 수 있어서 좋았다.

한동안 집에 혼자 있는 시간이 많았다. 아내가 여러 오디션 끝에 하고 싶던 연극에 캐스팅되면서 밤늦게까지 연습하는 때가 많았고, 점점 외박하는 날도 잦아졌다. 평소 같으면 둘이 술을 한잔하거나 아니면 넷플릭스라도 함께 볼 시간인데, 그 시간을 혼자 지내다 보니 이런저런 시간이 많아졌다. 그날도 하릴없이 침대에 누워 있다가 덮어 뒀던 이민아 목사님의 책이 눈에 들어왔다. 역시나 다시 읽어도 오글거리는 내용들이 뻔하게 다가왔다. 그만둘까 하다가 따로 할 것도 없고, 일부러 추천을 해 주신 의사 선생님 생각에 책을 쭉 읽어 나갔다. 그런데 웬일인가! 뻔하게만 느껴졌던 이야기들이 점차 다르게 와닿았다.

'대체 이분은 왜 이렇게까지 하나님에 대해서 전하고 있을까?'

갑자기 이런 하나님을 둔 목사님이 부러웠다. '나도 언젠가 저런 하나님을 알았던 것 같은데…' 하는 생각에 갑자기 서글픈 감정이 들었다. 그러면서 예배를 한번 드려 보고 싶다는 마음이 생겼다. 혹시나 주변에 어떤 교회가 있나 찾아봤더니, 놀랍게도 정말 가까운 곳에 떡하니 교회가 있었다. 게다가 홈페이지에 들어가니 나에게는 정말 익숙한 교단의 교회였다. 내심 반갑기도 했으나 걱정이 되었다. 얼른 '섬기는 사람들' 게시판을 보니 다행히 아는 얼굴의 목사님이나 전도사님은 없었다. 괜히 신학생이었다는 사실로 주목받고 싶지 않았다. 안도하는 마음으로 핸드폰을 내려놓으며 이번 일요일에 한번 나가 봐야겠다는 마음을 먹었다.

막상 일요일 아침이 되니, 그냥 가지 말까도 싶기도 했다. 그래도 '까짓거 죽게 생겼는데 뭘 못 할까' 하는 마음으로 교회로 향했다. 왠지 차갑게 느껴지는 교회 문을 열고 들어가자, 심장이 빠르게 뛰었다. 남의 집에 온 것 같은 기분에 지금이라도 돌아갈까 싶었지만, 몇몇 분들과 눈이 마주치면서 어쩔 수 없이 더 태연하게 본당으로 올라갔다. 적당한 구석, 최대한 눈에 띌 것 같지 않은 자리를 찾아 앉으니, 괜히 의미를 부여하고 싶진 않았으나 그래도 묘한 기분이 들었다. 낯선 공간이었지만 눈앞에 보이는 십자가와 익숙한 반주의 찬양들이 조금씩 마음을 편안하게 해 주었다. 어색하게 입을 벌려 따라 부르며 조용히 예배를 드리는데, 예상치 못한 상황을 맞닥뜨렸다. 설교에 앞서 목사님께서 오늘 새로 온 분의 얼굴이 보인다며 나를 지목하신 것이다. 다 함께 치는 환영의 박수와 동시에 안내하시는 분이 오셔서 등록을 권하셨다. 이럴 수가! 교회가 너무 오랜만이라 이런 경우도 있을 수 있다는 가능성을 예상하지 못하고 있었다. 안내하시는 권사님께는 죄송했으나, 나는 단지 예배를 한번 드리고 싶어서 온 거라고 정중히 거절했다. 감사하게도 권사님은 부담을 더는 안 주시고 그냥 돌아가 주셨다. 그 덕분에 이후로는 마음 편하게 예배에 집중할 수 있었다.

약간의 위기가 있었지만, 그래도 오랜만에 예배를 잘 드리고 올 수 있었다. 예배를 드리는 순간도 좋았지만, 특히 말씀을 전하시는 목사님께서 좋은 분인 것 같아 참 감사했다. 비록 한 번 들은 말씀이었지만, 어쩌다 나온 내 입장에서 그 한 번의 말씀이 불편했으면 또 언제 다시 교회에 갔을지 모르겠다. 목사님들 중에는 여전히 좋은 분들이 더 많을 거라 생각은 하지만, 신학생 때부터 어설프게 보고 겪은 모습들과 교회 밖에서 종종 접하는 이런저런 소식들은 스스로 교회에 나가지 않는 일종의 명분으로 점차 굳어진 상태였다. 워낙 어릴 때부터 교회에 다닌 터라 마음속 깊이 부정하지는 못했어도, 어떤 때는 그런 안 좋은 모습들을 접하면서 과연 하나님이 진짜 계실까 싶은 의심을 가진 때도 있었다. 하지만 감사하게도 이날의 예배는 그런 의심은커녕 오길 잘했다는 생각이 먼저 들었다.

그러다 보니 한 주씩 계속 교회에 나갈 수 있었고, 어느새 등록까지 하게 되었다. 사실 등록까지는 원래의 계획에 없었으나 이후로 갈 때마다 예배 시간에 목사님께서 언급해 주시고, 그때마다 더욱 주목되는 상황 속에서 이어지는 안내 권사님의 권유에 더 이상 버틸 재간이 없었다. 최소한 이상한 교회는 아닌 것을 확인하기도 했고, 한편으로는 내가 뭐라고 안내 권사님을 매번 수고스럽게 하나 싶기도 했다. 그래서 등록 명부에 이름을 적으면서 기왕 이렇게 된 거 딴 건 몰라도 예배만큼은 꼭 드려야겠다고 마음먹었다.

사람마다 차이는 있을 수 있겠으나 교회에 등록하거나 매주 예배에 나오는 것 자체는 어렵지 않다고 생각한다. 물론 내가 그랬던 것처럼 누군가에게는 그조차도 매우 어려울 수 있지만, 그 행위 자체는 그리 어렵지 않다는 말이다. 다만 행위 외에 내가 하나님을 진심으로 믿고 따르는 건 또 다른 차원의 문제라 여겨지는데, 감사하게도 내게는 그 일을 가능하게 한 도움의 손길들이 많았다. 그 모두의 손길들 덕분에 내 안에 다시 믿음이 자랐고 다시 하나님을 아버지라 고백할 수 있게 됐다. 어쩌면 암이라는 사실을 깨달은 순간부터 그 은혜의 순간이 시작되었는지도 모르겠다. 종합병원을 거쳐 정확한 검사를 위해 대학병원에 입원했던 그날 밤, 나는 순간적으로 엄청난 고독과 마주했다.

'아 죽음 앞에서는 결국 혼자일 수밖에 없구나.'

모두 '보호자'라는 이름으로 누군가 함께하고 있던 6인실의 병실에서 그날 나는 혼자였기 때문에 그 사실이 더욱 와닿았는지도 모르겠다. 원래도 알고 있던 당연한 이치였지만, 순간적으로 그게 피부로 느껴지니 굉장히 섬뜩했다. 어떤 암인지, 앞으로 과연 얼마만큼 살 수 있을지 모르는 그 상황 속에서 이제 곧 죽음이 눈앞에 다가왔다고 여겨지니까 사람이 참 겸손해졌다. 죽음은 받아들인다 쳐도 그 이후를 생각하니 정말 아찔했다. 결국 죽음이라는 문제 앞에서는 하나님으로부터 결코 자유로울 수 없는 존재였다. 사람이 갑자기 변하면 죽을 때가 왔다고들 하는데, 어쩔 수 없이 죽을 때가 오면 사람이 변할 수밖에 없는 듯하다. 가만히 누워서 살아온 날들을 돌아보는데, 좋은 추억은 잠깐이고 후회되는 일들과 미안했던 사람들이 대부분이었다. 어쩌면 참 이렇게 살았을까…. 기회가 있다면 모두에게 용서를 구하고 싶었다.

퇴원 후에 용기를 내서 한 친구에게 연락을 취했다. 오랜만에 보고 싶기도 했고, 왠지 그 친구라면 마음을 터놓을 수 있을 것 같았다. 신학교 시절에 함께 합창단을 했던 친구였다. 갑작스러운 연락이라 조심스럽긴 했는데, 고맙게도 반갑게 맞아 주어 마음이 조금 놓였다. 그 통화를 계기로 몇몇 친구들과 함께 보기로 약속을 잡았다. 연락하길 잘했다는 생각과 함께 설레는 마음으로 며칠을 보내다가 드디어 친구들을 만나게 되었다. 여자아이들 3명이었는데, 두 친구는 교회 사모님이 되었고 한 친구는 사업을 하고 있었다. 그간 어떻게 살았는지 대화를 나누다 내 병에 관한 이야기를 나누었다. 당시 나는 가족들에게 짐이 되고 싶지 않아서 수중에 있는 돈 안에서 어느 정도 치료를 해 보다가 딱히 차도가 없으면 어느 때에는 스스로 삶을 정리할 생각도 하고 있다고 말했다. 이제 막 다시 교회에 나가던 입장에서 할 말은 아니었고, 오랜만에 만난 친구들 앞에서 할 이야기는 더더욱 아니었으나 그때는 그게 나의 진심이었다. 그만큼 더 이상 마지막까지 돈 때문에 시달리고 싶지 않았고, 그때까지도 나는 딱 그 정도의 신앙이었다.

아마 당시만 해도 이 친구들을 보는 게 오늘이 마지막이라는 생각에, 가족들에게는 차마 말할 수 없는 당시의 솔직한 감정을 터놓았던 것 같다. 그리고 그런 하소연을 들어 주는 것 만해도 나에게는 큰 위로가 되었다. 그러나 가만히 듣던 친구 하나가 정색하며 던진 그 한마디로 그날의 공기는 전혀 다르게 흘러갔다. 자기는 나를 포기할 수 없다고 했다. 깜짝 놀랐다. 나도 나를 포기하겠다는데 타인이 나를 포기 못 한다고? 당혹스러웠다. 하지만 그 친구는 이런 내 반응과 상관없이 계속해서 말을 이어 나갔다. 하나님은 분명히 살아 계시고 자기가 믿는 하나님은 나를 살리실 수 있는 분이라면서, 본인은 오늘부터 계속해서 날 위해서 기도하겠다고 했다. 확신에 찬 표정으로 전하는 친구의 말에 뒤통수를 한 대 세게 맞은 느낌이 들었다.

'그렇지. 하나님은 살아 계시지.'

지금껏 세상 속에 살면서 내가 알던 위로는 함께 술 한잔 건네며 시간을 보내 주는 정도가 전부였다. 물론 그렇게 함께 해 주는 것 자체가 참 고마운 일이지만, 그렇다고 그 문제가 해결되거나 없어지는 건 아니었다. 다만 그 순간 잠시 괴로움은 잊고 그 일이 마치 없는 것처럼 지금을 즐기는 게 다였다. 그런데 이날 만난 친구들은 그런 게 아니었다. 마치 각자의 역할 분담되어 있던 것처럼 나에게 진정한 위로를 건네주었다. 이어서 한 친구는 그 말이 맞다며 우리가 그 사실을 잊으면 안 된다고 했고, 다른 한 친구는 나만 괜찮다면 합창단 동문들에게 본인이 연락을 한번 취해 보겠다고 했다. 본인도 오랜만이라 다들 어떨지 모르겠지만 아마 마음이 있는 분들은 함께 기도해 주고 도움을 줄 수 있는 사람은 도움을 줄 거라고 했다. 평소 같으면 아니라고 사양했을 텐데, 이때는 왠지 나도 이상하게 알겠다고 했다. 그리고 뭔가 그때부터 평소 같지 않은 일들을 차례로 겪으면서, 전과 비교했을 때 점점 그 전과는 다른 내가 되어 갔다.

정확히 한 달 뒤, 그 친구들을 다시 만났는데, 그 친구들은 나에게 800만 원이나 되는 성금을 모아서 전달해 주었다. 상상할 수 없는 일이었다. 민망하긴 했어도 오랜만에 얼굴이라도 보자는 마음에 만난 거였는데, 친구들을 통해 정말 많은 사람들이 마음을 모아 주었다. 당장 있던 자동차도 팔았고, 전세 대출의 원금까지만 치료를 한번 해 보려고 했던 나에게는 정말로 큰 금액이었다. 무엇보다 액수를 떠나서 말로 표현할 수 없는 큰 위로를 받았고 너무나도 고마웠다. 그리고 이때부터 나는 사람들과 그 사람들을 통해 일하신 하나님께 빚진 자로서 스스로는 절대 내 삶을 포기할 수 없는 존재가 되어 버렸다.

지금까지도 몸이 힘들어서 치료를 중단한 적은 있어도, 치료비가 없어서 항암을 중단한 적은 없다. 어느 한 날을 떠올려 봐도 그날의 매 순간이 은혜이고 감사라는 말밖에는 표현할 수가 없다. 물론 그사이에 이혼이라는 큰 아픔도 있었고, 항암 부작용으로 인해 힘들 때도 있지만, 이제는 희망을 놓지 않는다. 죽음을 생각했던 내게 시편 118편 17절의 말씀을 붙들며 기도할 수 있는 삶 자체가 감사이다. 그러니 나의 기대와는 다른 결말일지라도, 이미 나는 행운아다. 아니 그냥 죽었어도 할 말 없는 비루한 인생이었으니 '천운'이라 할 만하다. 더 이상 내 삶을 낭비해서는 안 된다. 그게 나를 살리신 하나님과 사람들에 대한 최소한의 도리이다. 하나님과 이웃을 사랑하되 반성의 마음으로 더 사랑하겠다. 언제나 그런 마음으로 나의 기도 제목이자 삶의 목적이 된 시편 118편 17절을 나누고 싶다.

"내가 죽지 않고 살아서 여호와께서 하시는 일을 선포하리로다"

황철순

30대 끝자락을 보내며 일과 학업을 병행하는 늦깎이 대학생. 암이라는 선물을 통해 주어진 새로운 삶과 회복된 신앙 안에서 가치 있는 매일을 사는 것을 목표로 삼고 있다.

단편 소설
선외가작

비상 대책 당회

황재혁

***

당회실 벽면에 걸린 검은색 시계가 세 시를 가리켰다. 당회실에 앉은 세 사람은 아무런 말이 없었다. 두 명의 남성은 무심하게 스마트폰을 쳐다보고, 한 명의 여성은 조용히 눈을 감고 있었다. 문득 당회실 문이 열렸다. 문을 열고 들어온 이지형 목사는 서둘러 당회장 자리에 가서 앉았다. 자리에 앉자마자 그가 입을 열었다.

"다들 오셨죠? 오늘 급히 논의할 게 있어서 오후 찬양 예배를 마치고 이렇게 비상 대책 당회로 모였습니다. 다들 아침부터 여러 사역으로 피곤하실 터라 회의는 가급적 짧게 진행하려고 합니다. 오늘 회의록은 당회 서기이신 오재성 장로님께서 평소대로 작성해 주시면 되겠습니다."

그러자 오재성 장로는 노트를 펴서 회의록을 작성하고자 준비했다. 이 목사가 다시 입을 열었다.

"이미 주일 예배는 다 드렸으니 경건회는 생략하고, 바로 회의를 시작하겠습니다. 제가 주중에 당회 카톡방을 통해서 미리 소식을 전한 것처럼요, 우리 교회에서 2년 넘게 영유아부를 담당하신 홍성결 전도사님께서 유학 준비 때문에 6월 마지막 주까지 사역하시고 교회를 사임하기로 하셨습니다. 일반적으로 이런 상황이면 새롭게 전도사님을 모시면 되는데요. 교회 재정과 영유아부 상황이 전도사님을 새롭게 모시는 게 조금 힘들어 보여서요. 이를 당회 차원에서 진지하게 논의했으면 합니다. 아무래도 이 논의에 영유아부 부장이신 김해숙 권사님께서 오시는 게 좋을 것 같아서요. 김 권사님이 이렇게 당회에 참석하게 되셨습니다. 자, 그러면 먼저 권사님께서 영유아부 현황과 홍 전도사님 사임 이후에 예상되는 상황을 말씀해 주시지요."

굳은 표정의 김해숙 권사는 조심스럽게 말을 시작했다.

"모두 아시다시피 오랫동안 우리 관악중심교회의 영유아부는 교회의 부흥을 견인하는 통로이자 지역 사회의 자랑이었습니다. 교회에 전혀 관심 없는 미래아파트 학부모도 토요일에 아기 학교를 하면 아이를 보내곤 했으니까요. 하지만 몇 년 전부터 저출산 문제가 심각하여 영유아부 예배 숫자가 계속 줄어들었습니다. 그동안 영유아부 예배 숫자가 평균 다섯 명이었는데요. 그중 하나가 홍성결 전도사님의 딸인 세나였습니다. 그런데 전도사님께서 사임하시게 되면 예배 인원이 줄어서 여러 어려움이 예상됩니다."

김 권사의 이야기를 잠잠히 듣던 성준호 장로가 갑자기 질문을 던졌다.

"영유아부의 교사 수는 어떤가요?"
"교사는 저를 제외하고 네 명인데, 청년 교사는 없고요. 주로 학부모가 영유아부 교사까지 하고 있는 상황입니다."
"교사와 학생의 숫자가 거의 일 대 일이네요. 혹시 영유아부에 새롭게 올라올 아이들이 있나요?"
"우리 교회에 현재 임산부는 하나도 없는 것으로 알고 있습니다. 올해 말에 누군가 임신하여 자녀를 출산한다고 해도요. 영유아부에서 함께 예배드리기까지는 시간이 걸릴 것 같습니다."

성 장로가 이 목사를 바라보며 입을 열었다.

"그런데 영유아부만 이렇게 학생이 없는 건가요? 다른 부서는 어떤 상황이죠?"

"장로님도 아시다시피 저출산 문제가 최근의 일은 아니어서요. 영유아부 다음에 있는 유치부도 학생이 열 명 미만입니다. 그나마 아동부와 중고등부는 학생 수가 조금 더 있는 편입니다."

"제가 어릴 때 아버지 손잡고 우리 교회 다닐 때만 하더라도 온 교회가 어린이들로 북적북적했는데요. 세월이 흘러 교회에 아이들은 없어지고 어르신들만 많아졌다고 생각하니 마음이 씁쓸하네요. 하지만 이렇게 감상에 젖어 있을 틈이 없습니다. 이제 신속한 결단이 필요합니다."

이 목사는 성 장로의 표정에 나타난 결기를 의식하며 질문했다.

"혹시 장로님께서는 무슨 결단을 내려야 한다고 생각하십니까?"

"홍성결 전도사님 사임과 더불어 우리 교회의 영유아부를 없애고요. 본당 자모실을 리모델링하여 그 공간에서 아이와 부모가 함께 예배드리도록 하는 게 어떨까요? 교회 재정도 넉넉하지 않은 편이라 읍참마속의 심정으로 과감히 결단해야 할 것 같습니다."

회의록을 작성하던 오 장로가 고개를 들고 성 장로에게 질문했다.

"올해 들어 교회 재정이 어떤 상황인가요? 지난 당회 때 적자라고 말씀하신 것 같은데요."

"맞습니다. 올해 들어 현재 4월까지 재정이 줄곧 적자입니다. 그나마 이번 달까지는 이월금으로 어떻게든 버티고 있는데요. 곧 이월금을 다 까먹으면 앞으로 교회 재정을 어떻게 운영해야 할지 그저 막막합니다."

몇 가닥 없는 머리를 위로 쓸어넘기며 이 목사가 조심스럽게 입을 열었다.

"올해부터 성도 중에 지방에 내려가신 분도 계시고, 해외로 파견 떠난 분도 계시고 해서요. 헌금액이 줄어들 것은 어느 정도 예상했지만, 이렇게 빨리 재정이 적자로 돌아설 줄은 몰랐습니다. 목회자로서 참으로 민망하고 송구스럽네요."

성 장로가 고개를 저으며 말했다.

"헌금이 감소한 게 어찌 목사님만의 잘못이겠습니까? 작년 연말부터 정치가 불안정하고 경기도 예전 같지 않잖아요. 자영업을 하시는 성도의 헌금이 줄었고요. 성도 중에 불가피하게 이사도 가고 여러 요인이 겹쳐서 그런 거지요. 지금 필요한 건 냉철한 현실 인식을 바탕으로, 재정 상황에 맞게 교회 시스템을 재편하는 겁니다. 과거 헌금이 많이 들어올 때를 기준으로 모든 교육 부서를 유지할 수는 없을 것 같아서요. 영유아부 전도사님 사임 이후로 사역자를 더 뽑지 않고 영유아부 예배를 없애는 게 바람직해 보입니다."

가만히 듣고만 있던 김 권사가 고개를 들고 단호하게 말했다.

"안 됩니다. 저는 영유아부 예배를 없애는 것에 절대 반대입니다. 장로님도 아시잖아요. 우리 영유아부가 얼마나 오랜 역사와 전통을 가졌는지 말이에요. 전도사님 사임을 계기로 영유아부를 없애는 건 결코 동의할 수 없습니다."
"그러면 어떻게 합니까? 영유아부 학생은 없고 교회 재정은 적자인데, 이런 상황을 외면하고 새로운 전도사님을 모시자는 건가요? 학생이 많다면야 재정이 적자라도 미래를 내다보면서 사역자를 모실 텐데, 학생이 몇 명 되지 않은 상황에서 어떻게 사역자를 모시고 영유아부 예배를 계속 드리겠다는 거지요? 권사님이 부장으로서 영유아부에 대한 애정과 애착이 있는 건 너무 잘 압니다. 그렇지만 영유아부만 생각하지 마시고 교회 전체의 상황을 한번 보세요. 지금 우리 교회는 영유아부를 유지할 재정적 여력이 없다고요."

"장로님이 자꾸 재정을 두고 말씀하셔서 저도 이야기하는데요. 솔직히 말해서 우리 교회가 재정이 안정화된 지 얼마 안 되었잖아요? 우리 교회가 설립 이후에 재정이 그리 넉넉했던 적이 있었나요? 항상 기도하며 성도의 헌신과 헌금으로 교회가 운영되었지, 언제 우리 교회가 넉넉한 상황에서 재정을 집행했나요? 그나마 지난 몇 년간 재정 상황이 좋아 보였던 것은 원로 목사님께서 돌아가셔서 원로 목사님이 매달 받으셨던 200만 원이 세이브 되어서 그런 거였잖아요. 교회 재정이 적자여서 영유아부를 없앤다는 그 말에 저는 동의할 수 없습니다."

성 장로와 김 권사의 대화를 심각하게 듣던 이 목사가 손을 뻗었다.

"잠깐만요. 지금 두 분의 논의가 너무 과열된 것 같습니다. 제가 보기에 두 분의 말씀이 모두 타당해서요. 조금 더 생각해 볼 시간이 필요해 보입니다. 그래서 잠시 5분간 휴회하고요. 조금 더 차분하게 생각을 정리한 다음에 회의를 진행하겠습니다. 지금 시간이 3시 15분이니깐, 5분 후에 다시 시작하겠습니다."

자리에 앉아 있던 성 장로가 문득 일어나면서 김 권사에게 말했다.

"찬식 엄마, 잠깐 따라와 봐요. 우리끼리 이야기 좀 합시다."
"그냥 여기서 이야기하지, 뭘 따로 이야기하자고 그래요."

김 권사는 성 장로를 따라 나가며 구시렁거렸다. 당회실을 나온 성 장로와 김 권사는 비상계단이 있는 공간으로 걸어갔다. 비상계단으로 통하는 문을 열자마자 성 장로가 입을 열었다.

"찬식 엄마, 도대체 언제까지 영유아부에 집착할 거야? 십 년 동안 부장으로 섬겼으면 충분하잖아? 교회에 애들도 없고 돈도 없는데 언제까지 교회에서 영유아부를 유지해야 해? 사람이 공과 사를 구분해야지. 왜 개인적인 감정으로 영유아부 없애는 것에 반대하냐고!"
"참나, 교회 재정을 그렇게 아끼는 분이 교회 재정으로 담임 목사 차를 새로 뽑아 주셨어요? 지금 우리 교회 상황에 제네시스가 어울리기나 해요? 비싼 제네시스가 아니라 가성비 좋은 중고차를 구매했다면, 교회 예산도 절약하고 얼마나 좋아요. 그 돈으로 영유아부 교역자도 한 명 모실 수 있고요."
"어허, 내가 그 이야기 또 꺼내지 말라 그랬지. 목사님이 우리 교회 부임하시고 여태껏 SM5를 10년 타셨는데 그 차를 폐차하면서 제네시스를 살 수도 있지. 왜 그걸 영유아부랑 엮는 거야? 그리고 목사님이 지금 부노회장이고 하반기부터 노회장도 하셔야 하는데, 제네시스 정도는 타셔야 교회의 체면도 서지. 그걸 내가 몇 번째 이야기해!"

성 장로의 호통에도 김 권사는 전혀 주눅 들지 않았다. 앙칼진 김 권사의 목소리는 말소리보다는 비명에 가까웠다.

"당신은 제네시스 귀한 줄은 알고, 우리 영유아부 귀한 줄은 모르죠? 제네시스야 언제든 할부로 살 수 있지만, 우리 영유아부 아이들은 할부로 살 수 없다고요. 이 아이들이 우리 교회의 영유아부가 없어져 다른 교회로 가 버린다면요. 우리 교회는 앞으로도 영유아부를 영영 세울 수 없다고요. 그 심각성을 당신은 알기는 해요?"

격하게 소리 지르는 김 권사의 눈에는 어느 순간 눈물방울이 맺혔다.

"내가 주일에 아이들 기저귀 갈면서 분유 먹이고 어떻게든 하나님의 어린이로 키우고자 했는데, 교회가 전폭적인 지원은 못 해 줄 망정 대체 이게 뭐예요? 만약에 진짜로 영유아부를 교회에서 없애 버리면 그날이 바로 내가 교회 마지막으로 나오는 날이 될 거예요. 권사 직분도 다 내려놓을 거라고요!"

김 권사는 감정을 못 이겨 자리에 쪼그려 앉아 울었다. 그 울음소리가 비상계단을 가득 채웠다. 성 장로는 울고 있는 김 권사를 보며 이러지도 저러지도 못한 채 한숨만 내쉬었다. 바로 그때 누군가 비상계단의 문을 조심스럽게 열었다. 다름 아닌 오 장로였다. 분위기를 보아하니 이미 대판 싸운 것 같아, 오 장로가 민망해하며 말을 걸었다.

"이제 당회 속개할 시간이 되어서요. 다시 당회실로 모이시죠. 김 권사님도 감정 조금 추스르고 다시 오셔서 이야기 나누면 좋을 것 같습니다."

그 말을 듣고 김 권사는 두 손으로 천천히 눈물을 닦았다. 성 장로는 바지 뒷주머니에서 손수건을 꺼내 김 권사에게 건넸다. 두 사람은 비상계단의 문을 열고 다시 당회실로 향했다.
성 장로가 당회실의 문을 여니 그들이 앉았던 자리에 믹스 커피가 한 잔씩 놓여 있었다. 이 목사와 오 장로는 이미 커피를 마시고 있었다. 두 사람이 들어온 것을 보고 이 목사가 말했다.

"아무래도 당회 때 커피라도 마시는 게 좋을 것 같아서요. 오 장로님께서 커피를 직접 타 주셨습니다. 성 장로님과 김 권사님도 커피를 조금 드시지요."

그 말을 듣고 성 장로는 커피에 손을 댔지만, 김 권사는 커피에 전혀 손을 대지 않았다. 커피를 마시던 이 목사가 다시 입을 열었다.

"목회자로서 오늘 같은 회의를 진행할 때 가장 힘이 빠집니다. 지금 우리 교회 상황이 영유아부를 유지하는 건 부담스럽고, 이대로 없애자니 너무 아쉬운 그런 계륵(鷄肋) 같은 상황 아닙니까? 그런데 사실 저출산 문제가 우리 교회만의 문제는 아니어서요. 다들 어떤 식으로든 이 문제에 필사적으로 대응하고 있긴 합니다."

회의록을 적다가 말고 오 장로가 질문했다.

"혹시 다른 교회에서는 저출산 문제에 어떻게 대응하고 있을까요?"

"지금 우리가 축소 사회와 축소 교회의 시대에 접어든 것은 분명하고요. 교회 차원에서는 영유아부와 유치부를 통합하거나 노회별로 영유아부 예배를 함께 드리는 것을 모색하고 있습니다. 다만 영유아부와 유치부를 통합하면 아이들의 수준 차이 때문에 교회 교육을 진행하는 데 어려움이 있고요. 또한 노회에서 함께 영유아부 예배를 드리면 개별 교회에서 드리는 것만큼의 보살핌이 없다 보니 생각보다 영유아부 예배 인원이 많지 않다는 문제점이 있습니다."

커피를 마시던 성 장로가 컵을 입에서 떼고 말했다.

"알겠습니다. 아무래도 영유아부와 관련된 결정은 교회의 미래와 연결된 중요한 결정이어서요. 제가 아까 말씀드린 것처럼 영유아부를 없애는 것만이 정답은 아닌 것 같습니다. 그래서 한 주 동안 당회원들이 교회의 여러 의견을 수렴하고 그 이후에 영유아부를 어떻게 할지 결정하면 어떨까요?"

성 장로의 말에 특별히 반대하는 이는 없었다. 이 목사가 헛기침을 한번 하고 입을 열었다.

"성 장로님의 제안처럼 오늘 영유아부의 존폐를 결정하기에는 무리수가 있어 보입니다. 한 주 동안 기도하시면서 우리 교회를 향한 하나님의 뜻을 분별하셨으면 좋겠습니다. 그러면 오늘처럼 다음 주 주일에 오후 찬양 예배 마치고 이 자리에서 다시 당회로 모이겠습니다. 제가 마침 기도하겠습니다. … 하나님 아버지, 오늘 이렇게 저희가 당회로 모여서 교회와 영유아부를 위해 진솔하게 이야기 나눌 수 있는 시간을 허락하여 주셔서 감사합니다. 부디 저희에게 지혜를 주셔서 교회의 여러 어려운 상황 속에서도 영유아부 아이들을 어떻게 잘 교육할 수 있을지 알려 주시옵소서. 사랑이 많으신 예수님 이름으로 기도드렸습니다. 아멘."

기도를 마치자마자 이 목사는 인사 후에 가장 먼저 당회실을 빠져나왔다. 엘리베이터를 타고 1층에서 내린 이 목사는 곧장 제네시스로 향했다. 그는 운전석 쪽으로 가서 문을 열었다. 운전석 옆의 조수석에는 금수지 사모가 타고 있었다. 금 사모는 차에서 라디오를 듣고 있었다.

"오래 기다렸지요? 이제 당회가 다 끝났네. 어서 식당으로 갑시다."
"오늘 부부 동반 노회 임원 모임은 어디서 한다고 했죠?"
"저기 삼막사 뒤쪽의 추미각에서 네 시 반에 보기로 했으니 지금 출발하면 딱 맞겠어요."

이 목사는 급하게 차를 몰아 교회 주차장을 빠져나왔다. 라디오 주파수는 클래식 FM에 맞춰져 있었다. 이 목사와 금 사모가 아무런 대화를 하지 않아 라디오 진행자의 목소리만 차 내에 울려 퍼졌다.

"이제 안토닌 드보르자크의 교향곡 제9번 〈신세계로부터〉의 2악장을 듣겠습니다. 드보르자크의 교향곡 9번은 그가 작곡한 교향곡 중에서 가장 유명하면서도 지금도 여러 오케스트라가 자주 연주하는 교향곡입니다. '신세계로부터'의 2악장은 매우 서정적이며 잉글리시 호른이 연주하는 주제 선율이 무척 감미롭지요. 이 선율은 후에 '고잉홈'이라는 음악으로 편곡되기도 했습니다. 오늘은 조지 셀이 지휘하고 클리블랜드 오케스트라가 연주한 음원을 함께 듣겠습니다. 클리블랜드 오케스트라의 1958년 뉴욕 카네기 홀 실황 연주입니다."

진행자의 멘트가 끝나고 〈신세계로부터〉의 2악장이 서서히 라디오에서 흘러나왔다. 1분 정도 음악이 흘러나오자 금 사모가 입을 열었다.

"당회는 어떻게 되었어요? 다들 뭐래요?"
"어휴, 성 장로는 영유아부 없애자고 하고 김 권사는 그럴 수 없다고 해서 서로 싸우고 난리였어. 김 권사는 얼마나 울었는지 눈가의 화장이 다 번졌더라고…. 도저히 결론을 내릴 수 없어서 다음 주에 이어서 회의하기로 했어요."

"나도 솔직히 우리 교회에 영유아부가 없어진다고 생각하면 너무 슬퍼요. 당신이 이 교회 담임 목사로 청빙받았을 때가 한근이가 세 살이고 한진이를 제가 막 임신했을 때잖아요. 핏덩어리 같은 우리 애들 먹이고, 입히고, 재워 준 우리 영유아부 권사님들 아니었으면 저는 벌써 주님 곁에 있었을 거라고요. 그때 당신은 위임받기 전이라 가정을 돌볼 겨를도 없이 물불 안 가리고 사역만 매달렸잖아요. 어쨌든 나도 영유아부를 없애는 건 반대에요."

"나라고 영유아부에 대해 아무런 애정이 없겠어요? 우리 애들만 자식인가? 영유아부에 있는 모든 애들이 다 자식이지. 그런데 헌금은 줄고 애들은 없는 이런 상황에서 목사가 무슨 힘이 있겠어요? 재정 담당하는 장로가 힘이 있지."

이 목사의 말이 끝나자, 아무도 더는 이야기하지 않았다. 그동안 라디오에서는 제9번 〈신세계로부터〉 2악장이 끝나고, 다시 라디오 진행자의 멘트가 시작되었다.

"다음은 일본의 피아니스트 츠지이 노부유키의 피아노곡을 준비했습니다. 츠지이 노부유키는 선천적 시각 장애를 가져 앞을 못 보지만, 악보를 통째로 외워서 피아노를 연주하는 것으로 유명하지요. 지난 2009년 반 클라이번 국제 피아노 콩쿠르에서 츠지이 노부유키는 장 하오천과 공동 우승했습니다. 오늘은 그가 연주한 로베르트 슈만의 〈헌정〉을 준비했습니다. 가곡 〈헌정〉은 슈만이 그의 아내 클라라 슈만에게 결혼식 전날 헌정한 곡으로 잘 알려졌죠. 이후 프란츠 리스트가 이 곡을 현란한 피아노 독주곡으로 편곡하였습니다. 그러면 츠지이 노부유키의 최근 앨범 중에서 프란츠 리스트가 편곡한 로베르트의 슈만의 〈헌정〉, 같이 듣겠습니다."

라디오에서 〈헌정〉이 피아노곡으로 흘러나오고, 금 사모가 멜로디를 흥얼거린다. 한참을 혼자 흥얼거리다 금 사모는 문득 질문을 던졌다.

"우리 교회도 츠지이 노부유키처럼 존재만으로 희망을 주는 교회가 될 수 있을까요?"
"그게 무슨 소리? 갑자기 희망이라니요?"
"앞을 보지 못하는 사람은 피아니스트가 될 수 없다는 사람들의 편견을 츠지이 노부유키가 깨 버렸잖아요. 그의 존재 자체가 사람들에게 희망을 선사하고요."

"그런데 그 피아니스트가 우리 교회와 무슨 상관이 있어요?"

"만약에 그의 어머니가 자기 아들이 앞을 못 본다고 아들을 포기하여 희망의 싹을 잘랐다면요. 그가 위대한 피아니스트가 되는 건 불가능했겠지요."

"도대체 무슨 말인지 풀어서 말해 봐요."

"당신이 지난주 설교에서 말했잖아요. 종교개혁가 장 칼뱅의 말을 인용하면서 '교회는 신자의 어머니'라고요. 그래서 현실 교회가 아무리 문제가 많고 병들었더라도, 자녀가 어머니를 끝까지 사랑하는 것처럼 교회를 사랑하자고요. 그러면 우리 역시 교회에서 자라나는 아이들을 엄마처럼 끝까지 사랑해야 하지 않을까요? 아무리 아이들이 줄어들더라도 교회가 섣불리 희망의 싹을 잘라서는 안 되잖아요. 이 중에 츠지이 노부유키와 같은 아이가 있을 줄 누가 알아요?"

"그러면 지금 상황에서 영유아부 없애는 것 말고 다른 대안이 있어? 혹시 있으면 말해 봐요."

"여보, 우리 다음 달부터 사례비를 50만 원 덜 받는 거 어때요? 그리고 교회에서 불필요하게 지출하는 금액 조금 줄이면 교육 전도사 한 명은 새롭게 모실 수 있을 거 같아요."

"아니, 우리 사례비를 줄이자고요? 가뜩이나 물가가 많이 올라서 생활비가 빠듯하다고 맨날 말하는 사람이 말이야."

"물가는 물가고 영유아부는 영유아부지요. 교회에서 우리 제네시스 뽑아 준 것 생각하면요. 저는 벌써 올해 초에 우리가 받는 사례비를 선제적으로 줄여야 했다고 생각해요. 마음 같아서는 이 차를 팔고 더 저렴한 중고차 타고 싶지만요. 이미 차를 할부로 산 걸 어떡하겠어요. 우리가 받는 사례비를 조금 줄여서라도 교육전도사 한 분 모실 수 있다면요. 저는 이 차를 타고 다녀도 교회에 덜 미안하겠어요."

"참나, 나도 그걸 생각하지 않은 건 아닌데요. 차마 내 입으로 말하기 그래서 당회 때 언급하지는 않았어요. 이번 한 주 진지하게 기도해 봅시다. 하나님의 자비를 구하며…."

이 목사는 고개를 넘으며 차의 가속 페달을 세차게 밟았다. 차는 순식간에 고개를 넘었다. 길가에 있는 이팝나무의 꽃잎이 바람결에 흔들렸다.

시간이 흘러 금요일이 되었다. 목양실에서 이 목사는 컴퓨터 앞에서 키보드를 두드렸다. 눈이 뻐근해 안경을 벗고 눈을 양손으로 비비는데, 노크 소리가 들렸다. 이 목사가 급히 안경을 다시 쓰고 입을 열었다.

"들어오세요."

문을 열고 영유아부 담당 홍성결 전도사가 들어왔다. 홍 전도사는 한 손에 종이봉투를 들고 있었다. 홍 전도사가 이 목사에게 고개 숙여 인사했다.

"목사님, 안녕하세요. 그동안 목사님께서 잘 보살펴 주신 것에 감사해서, 수제 쿠키를 좀 준비했습니다. 사모님과 맛있게 드세요."
"난 준비한 게 없는데 뭘 이렇게까지 준비해 왔어요. 아무튼 고맙고 나중에 잘 먹을게요. 여기 자리에 앉아요."

이 목사는 홍 전도사가 전해 준 종이봉투를 받아 테이블에 올렸다. 홍 전도사는 빈자리에 앉았다. 이 목사가 냉장고에서 음료수를 하나 꺼내서 홍 전도사의 앞쪽 테이블에 두었다.

"잠깐 마시면서 이야기하죠. 홍 전도사가 우리 교회에서 사역한 지가 얼마나 되었죠?"
"신학대학원 2학년 때부터 했으니 이제 만 4년이 넘었습니다."
"4년이면 그리 짧은 시간은 아니네요. 대다수 전도사님이 평균 2년마다 사역하고 사역지를 옮기는 경우가 많으니까요."
"교회 성도님과 목사님이 잘 챙겨 주셔서 저도 4년이나 교회에서 사역할 수 있었던 것 같습니다."
"미국 유학 준비는 잘 되고 있어요? 남편이랑 아이 데리고 유학 준비하는 게 쉽지는 않을 텐데…."

"지난번 말씀드린 것처럼 제가 애틀랜타의 에모리대학교 석사 과정에 합격했는데요. 미국 비자 인터뷰에 한 번 떨어져서요. 계속 도전하고 있습니다."

"그래요. 비자가 안 나와서 유학을 포기하는 신학생들도 있다고 들었는데, 전도사님의 원활한 비자 발급과 유학 준비를 위해 기도하겠습니다."

"감사합니다. 그런데 목사님, 제가 듣기로는 지난 주일에 영유아부 관련 당회를 하셨다고 들었는데요. 혹시… 어떻게 이야기 되었을까요?"

"음… 교회 상황과 여건이 녹록지 않아서 어떻게든 영유아부에 변화가 필요한데, 다들 견해차가 커서 선뜻 결정을 내리지 못했어요. 부서를 담당하시는 전도사님 생각은 어때요?"

"저도 지난 4년간 영유아부 사역하면서 아이들이 계속 감소하는 게 눈으로 보이니까 좀 안타까웠습니다. 기도하면서 전도도 나가고 토요일에 아기 학교도 했는데, 딱히 뚜렷한 열매가 맺히지 않아서 좀 힘들었던 것 같아요."

"맞아요. 동네에 아이들을 눈 씻고 찾아봐도 찾을 수 없는데 어떻게 전도가 되겠어요. 참으로 고생 많았어요."

"사실 저는 이런 말씀 드리기는 뭐하지만, 영유아부에 대해 양가감정이 있는 게 솔직한 심정입니다."

이 목사는 홍 전도사가 말한 양가감정이 무슨 뜻인지 몰라서 고개를 갸우뚱했다. 이 목사는 홍 전도사의 눈을 바라보며 그게 무슨 의미인지 물었다.

"양가감정? 그게 무슨 뜻인가요?"
"영유아부가 지금처럼 어떻게든 남아 있으면 좋겠다는 마음, 그리고 이번 기회에 영유아부가 잘 정리되어서 더는 사역자를 모시지 않았으면 하는 서로 다른 마음이 제 안에 공존한다는 뜻입니다."
"전도사님은 왜 영유아부에 더는 사역자를 모시지 않았으면 하나요?"
"사역자도 교회에서 사역하면서 미래와 희망을 발견해야 하는데요. 현재 영유아부는 미래와 희망을 찾기가 너무 힘든 상황이 잖아요. 아무래도 사역자가 개인의 역량으로 이 시대의 저출산을 극복할 수 있는 건 한계가 있으니 교회 차원에서 사역자에게 막중한 부담을 지우지 않는 게 좋지 않을까 싶었습니다."
"그래요. 사역자로서 할 수 있는 게 있고 할 수 없는 게 있으니, 그 마음의 부담감 충분히 이해해요. 그동안 분주한 주일 아침에 세나까지 챙겨 오느라 너무 고생 많았어요."
"저야말로 세나와 함께 영유아부 예배드릴 수 있어서 너무 감사했습니다. 부장님과 다른 선생님들이 세나를 돌봐주지 않으셨다면 주일 사역이 불가능했을 겁니다"

"저희야말로 감사하지요. 어쨌든 금요 기도회 준비도 해야 하고 아직 공식적인 사임까지는 시간이 더 남았으니까, 오늘 대화는 이 정도로 합시다. 그리고 저도 준비한 게 있습니다."

이 목사는 상의 안주머니에서 하얀색 봉투를 꺼냈다. 그 봉투의 겉면에는 검은색으로 장학금이라고 글자가 적혀 있었다.

"소정의 장학금이에요. 얼마 되지 않지만, 이거 가지고 유학 준비 잘하세요. 한국 교회와 세계 교회를 선도하는 신학자가 되라고 교회에서 드리는 겁니다."

"목사님, 뭐 이렇게까지…. 참으로 감사합니다. 이 장학금 절대 잊지 않겠습니다."

"일반적으로 한국 교회에서 파트 사역자는 퇴직금이나 전별금이 거의 없잖아요. 4년이나 교회에서 사역했는데 이대로 보내기 아쉬워서 교회에서 장학금 명목으로 준비했어요. 진짜 얼마 되지 않으니 부담 갖지 않아도 됩니다. 이제 예배 시간 얼마 안 남았으니깐, 준비합시다."

"감사합니다. 예배 준비하러 가겠습니다."

홍 전도사가 하얀색 봉투를 손에 들고 자리에 일어섰다. 이 목사는 홍 전도사가 목양실 문을 열고 나간 이후에도 한동안 그 자리에 가만히 앉아 있었다.

당회실 벽면에 걸린 검은색 시계는 오후 3시 2분을 가리키고 있었다. 당회실에 앉은 세 사람은 이번에도 아무 말이 없었다. 문득 당회실 문이 열렸다. 문을 열고 들어온 이 목사는 서둘러 당회장 자리에 가서 앉았다. 이 목사가 당회실에 있는 사람들의 얼굴을 힐끗 쳐다보고 입을 열었다.

"다들 오셨죠? 지난주에 이어서 비상 대책 당회로 모였습니다. 오늘 회의록 역시 당회 서기이신 오재성 장로님께서 작성해 주시면 되겠습니다."

오 장로가 손에 들고 있던 노트를 폈다. 이 목사는 다시 말을 하기 시작했다.

"저희가 지난주에 영유아부 관련해서 진지하게 논의했습니다. 아무래도 지난주 회의 때 바로 결론 내리기 힘들어서 한 주간 기도하면서 생각을 정리하는 시간을 가지자고 했는데요. 각자 생각하시는 바가 있겠지만, 먼저 저의 의견부터 말씀드리겠습니다. 저는 어떤 식으로든 우리 교회의 영유아부가 계속 있었으면 좋겠습니다. 영유아부 어린이가 예배 시간에 단 한 명 있을지라도 우리 교회가 영유아부 예배를 멈추지 않았으면 합니다."

이 목사의 발언에 고개를 숙이고 있던 김 권사가 고개를 들어 이 목사에게 물었다.

"목사님께서 영유아부 예배를 계속 드렸으면 좋겠다고 말씀하시니 너무 감사합니다만, 전도사님을 새로 모시는 데 필요한 재정은 어떻게 하면 좋을까요?"
"네, 권사님. 7월부터 제가 교회에서 받는 사례비에서 50만 원을 줄여서요. 그 50만 원에 돈을 조금 더 보태서 교육전도사 사례비를 충당하면 어떨까 싶습니다. 우리 교회 재정이 어려워진 것에 담임 목사로서 일정 부분 책임을 지는 게 마땅하다고 생각합니다."

이 목사가 스스로 자신의 사례비를 삭감하겠다고 말하자 오 장로가 그 의견에 반대했다.

"목사님, 안 됩니다. 교회 재정이 줄고 영유아부가 어려운 상황은 목사님의 잘못이 아니라 축소 사회로 접어든 한국 교회의 보편적 현상입니다. 물가가 많이 올라서 목사님이 평소 받는 사례비로 생활하시는 것도 무척 빠듯하실 텐데요. 50만 원이나 삭감하다니요. 그건 절대 동의할 수 없습니다."

"오 장로님, 교회가 이토록 어려운데도 저희 가정은 신차 타고 다니면서 아무 일 없이 사는 것 같아 이렇게 말씀드린 겁니다. 그리고 저희 아이들도 거의 다 커서 독립했으니 돈도 그리 많이 필요하지 않습니다. 교회에서 사택도 해 주고, 차도 지원해 주었는데 뭐가 더 필요하겠습니까? 제가 전도사 시절에는 교회가 어려워 반년간 사례비를 못 받기도 했는데요. 그에 비하면 50만 원 삭감하는 게 뭐가 그리 대수겠습니까?"

오 장로와 이 목사의 대화를 잠잠히 듣던 성 장로가 오른쪽 손을 조심스럽게 들었다. 그리고 그들을 바라보며 말을 시작했다.

"제가 한마디 하겠습니다. 목사님께서 오늘 회의를 시작하며 교회를 위해 예수님의 마음으로 사례비를 삭감하시겠다고 말씀하신 것에 크게 감동했습니다. 하지만 아무리 교회 재정이 어렵더라도 목사님의 사례비를 삭감하는 것은 저희가 도저히 받아들일 수 없습니다. 교회를 지극히 사랑하시는 목사님의 귀한 마음만 받고, 그 삭감안은 없던 걸로 하면 좋겠습니다. 사실 저

역시 지난 일주일 동안 교회와 영유아부를 위해 제일 나은 선택이 무엇일까 깊이 고민하였습니다. 고민 중에 대안을 찾고자 올해 예산안을 여러 차례 검토했습니다. 그러다가 예산안에서 미래 발전 적립금 항목이 눈에 띄었습니다."

성 장로의 얼굴을 뚫어지게 쳐다보던 이 목사는 그에게 질문했다.

"미래 발전 적립금이요? 그것은 우리 교회가 건물 수리와 재건축을 위해 매달 적립하고 있는 항목 아닙니까?"
"맞습니다. 저희가 지난 10년 가까이 매달 100만 원씩 적립해서 현재 미래 발전 적립금이 1억 원 넘게 모인 상황입니다. 그런데 당분간 우리 교회가 건물 수리와 재건축을 위해 큰돈 나갈 일이 없으니, 적립금을 더는 모을 필요가 없을 것 같습니다. 그래서 매달 100만 원씩 적립하던 이 금액을 영유아부 교역자 사례비로 지급하면 어떨까 싶습니다. 물론 이러한 예산 변경은 제직회 의결 사항이기 때문에 제직회 논의를 거쳐야 합니다."
"거기까지 생각은 못 했는데, 역시 장로님이 재정을 담당하시다 보니 저보다 훨씬 좋은 안을 제시하신 것 같습니다. 미래 발전 적립금의 적립을 잠시 중단하고 이를 교역자 사례비로 변경하자는 안에 대해 오 장로님께서는 어떻게 생각하십니까?"

이 목사의 질문에 오 장로는 미간을 찌푸렸다. 그리고 오 장로는 한숨을 푹 내쉬며 말했다.

"성 장로님의 의견도 일견 합당해 보이는데요. 아무래도 미래 발전 적립금의 적립을 중단하는 건 조금 더 신중해야 하지 않을까 싶습니다. 1억 원이라는 돈이 지금은 많아 보이지만, 언젠가 있을 재건축을 생각할 때는 턱없이 부족하거든요. 그래서 저는 가능하면 미래 발전 적립금을 건드리지 않았으면 좋겠습니다. 대신에 제가 생각한 대안을 말씀드리고자 합니다. 조만간 홍 전도사님이 사임하시면요. 사역자를 새로 모시지 않고, 차라리 제가 그 뒤를 이어서 영유아부 교육을 맡으면 어떨까 싶습니다."

오 장로의 예상치 못한 답변에 이 목사가 거듭 질문했다.

"장로님께서 영유아부를 맡으신다고요? 그게 가능하시겠습니까?"
"여기 계시는 김 권사님도 잘 아시지만 제가 안수집사 시절에 영유아부 부장을 오랫동안 했습니다. 제가 장로 임직을 받아 영유아부 부장을 더 감당하기 힘들 때, 김 권사님께서 기꺼이 부장을 맡아 주셨었지요. 돌이켜보면 제가 영유아부 부장으로 봉사할 때, 교회 생활이 가장 보람찼던 것 같습니다. 그래서 저한테 다시 한번 우리 아이들을 사랑으로 섬길 기회를 주시면 감사하겠습니다. 그리고 이건 처음 말씀드리는 건데요. 제 딸 해영이가 얼마 전 손주를 임신했습니다. 그래서 내년 초에는 출산하게 될 텐데요. 제가 장로이자 할아버지로서 이번 기회에 손주와 함께 영유아부 예배를 드리고자 합니다."

"축하드립니다! 해영 집사가 드디어 임신했군요! 지난 몇 년간 아이가 들어서지 않아 해영 집사가 눈물로 기도하는 걸 보는 게 가슴 아팠는데요. 하나님께서 그 기도를 들으시고 태의 열매로 응답하여 주셨군요. 할렐루야! 하나님께 영광입니다. 저는 오늘 나온 여러 이야기 중에 오 장로님께서 하신 이야기가 가장 마음에 흡족한데요. 다른 분들 의견은 어떠십니까?"

성 장로와 김 권사가 거의 동시에 고개를 끄덕였다. 오 장로의 의견에 모두 동의하는 분위기여서 이 목사는 마지막 정리 발언을 했다.

"그러면 오 장로님께서 말씀하신 것처럼, 홍 전도사님께서 사임하시면 7월부터 오 장로님께서 영유아부 설교와 사역을 맡으시는 걸로 하겠습니다. 장로님께서 조금 수고스러우시겠지만요. 이렇게 진행하면 영유아부 예배는 계속 유지하면서 재정 부담은 줄일 수 있을 것 같습니다. 오 장로님은 조만간 김 권사님과 홍 전도사님을 함께 만나서 인수인계를 한번 논의하시지요. 자, 그러면 오늘 당회는 이것으로 마쳐도 되겠지요? 오늘은 김 권사님께서 말할 기회가 거의 없었는데요. 마침 기도 부탁하겠습니다."

당회실에 앉아 있는 모든 사람이 눈을 감고 두 손을 모았다. 김 권사가 울음기 섞인 목소리로 기도를 시작했다.

"사랑의 하나님, 오늘 우리가 하나님의 은혜로 회의를 잘 마칠 수 있어 감사드립니다. 하나님 아버지께서 우리를 사랑으로 보살피신 것처럼 우리 역시 아이들을 사랑으로 잘 보살피기를 원합니다. 앞으로 영유아부에서 수고하실 오 장로님과 그 가족들에게 복을 주시옵소서. 세상 끝 날까지 우리와 함께하시겠다고 약속하신 예수님의 이름으로 기도드렸습니다. 아멘."

황재혁
현재 시흥문인협회 회원이며, 분당에서 목회자로 살고 있다. 2024년에 신학 소설 『교회 교향곡』과 공저 에세이 『아프지만 내 인생이니까』를 집필했고, 「가스펠 투데이」에 「독서 순례」와 「삼국지 성서전」을 정기 연재하고 있다.

2

수필

수필
우수작

별이 된 유리 조각

황정현

***

　깨어진 유리 조각이 태양에 반사되어 무지갯빛 광선으로 영롱하게 반짝이던 어느 날이었다. 어린 시절의 나는 그 부서진 유리 조각들이 아름다워 보여 컵에 한 아름 주워 왔다. 부서진 태양 조각 같은 유리 조각을 주워 온 내 성의를 소중하게 여기셨는지, 어머니는 그것들을 이어 붙여 별 작품으로 만드셨다. 누군가에게는 한낱 치워 버려야 할 쓰레기 더미가 화가인 어머니 눈에는 작품의 소재로 보였나 보다. 깨어진 유리 조각을 붙여서 다시 작품으로 만드시던 어머니를 생각하니, 문득 하나님의 성품이 떠오른다. 버려진 폐품을 소재로 재창조하시는 예술가, 하나님. 한평생 주님만을 가슴에 품고 사시던 어머니는 오랫동안 바라보던 큰 바위 얼굴인 주님의 모습을 그렇게 조금씩 닮아 가는 중이셨나 보다.

　어머니는 30대 초반부터 세 살인 조카를 맡아 키우셨다. 조카를 버리고 떠난 새언니의 자리를 대신 채워 주셨던 어머니. 조카는 어머니를 친엄마처럼 따르며, 시집가지 말라고 조르곤 했다. 그런데 아무리 어머니께서 조카를 사랑으로 양육하며 맛있는 음식을 가득 차려 주어도, 조카는 자꾸 도둑질을 하곤 했다. 한번은 정육점에 가서 고기를 사 오라는 심부름을 시켰는데, 그 돈은 자기 용돈으로 쓰고 고기는 훔쳐 버렸던 조카. 그를 올바른 길로 계속해서 훈육하는 것이 버거워졌던 어머니는 비행을 일삼는 조카를 이제 오빠에게 보내야만 한다며 서글픈 마음을 달래기 힘들어하셨다.

지금으로부터 30여 년 전 2월의 어느 날, 어머니 마음에 자꾸만 차오르는 냉랭함처럼, 날씨는 스산했고 싸락눈까지 스멀스멀 내렸다. 어머니는 작품 소재를 찾으시기 위해 택시를 타고 관악산으로 달리셨다. 관악산 입구에는 40대 중반 정도로 보이는 아저씨들 일곱 명이 서성이고 있었다. 산 입구로 올라가려는 어머니를 붙들고서 남자들이 물었다.

"어딜 가는 거요?"

어머니는 의아해하며 대답했다.

"왜요? 누구신데요?"

서울대학교 옆으로 갈라진 도로에 서 있던 낯선 아저씨들은 자신의 정체를 밝히며 되물었다.

"우리는 서울대학교 관리인들이요. 어디 가시는 거요?"
"사진 한 장 찍으러 가요."

어머니는 서둘러 대답을 하시고, 자신의 길을 가려 하셨다. 그런 어머니를 황급히 잡으며 아저씨들이 질문했다.

"무슨 사진을 찍으러 가시는데요?"
"작품 사진을 한 장 찍으러 가요."
"아! 내가 그림 그리기 좋은 데 가르쳐 줄 수 있는데, 같이 가지 않겠소?"

아저씨 중 한 명이 친절히 말했다. 훤칠한 키에 작업복을 입은 기술사처럼 보이는 점잖은 아저씨였다. 어머니는 아저씨를 따라 20분 정도 시멘트로 된 도로를 한참 올라갔다. 아저씨가 이끄는 대로 따라가 도착한 곳은 어느 외진 산꼭대기 같은 곳이었다. 산꼭대기 아래로는 오밀조밀한 동네도 훤히 내다보였지만, 나무만 빽빽이 있고 화폭에 담을 만한 풍경은 별로 없는 곳이었다. 어머니는 실망한 마음에 아저씨에게 이렇게 말씀하셨다.

"아저씨, 여기는 그림 그릴 풍경이 별로 안 돼요. 산이랑 구름, 집이 보이니 동양화에는 어울릴지 모르겠지만, 저는 동양화를 그리는 게 아니거든요."

천진난만하게 아무것도 모르고 주위를 둘러보는 어머니. 그런 그녀의 배 근처에 아저씨는 갑자기 칼을 불쑥 들이댔다. 으슥한 산 길목에서 인적이 드문 곳이었기에 가능한 일이었다. 아무런 의심도 없이 아저씨를 따라나섰던 어머니는 소스라치게 놀란 표정으로 어안이 벙벙해졌다. 강도로 돌변한 아저씨는 어머니의 목걸이를 쥐면서 날카롭게 외쳤다.

"이게 뭐야? 당장 빼!"

그때야 어머니는 그 아저씨가 강도라는 것을 깨닫게 되었다. 아저씨는 이윽고 험악한 인상으로 다시 외쳤다.

"손 줘 봐. 반지 좀 보자. 너, 소리 지르지 마! 아까 서 있던 여섯 명 다 따라와서 저기 있어. 난 지금 여자 생각도 나고, 돈도 필요해."

아저씨의 말에 어머니는 울음을 터뜨렸다.

"이거 뭐야. 이거 뭐야."

울음을 터뜨린 어머니를 향해 강도는 두 눈을 부릅뜨고 윽박질렀다.

"소리 내지 마! 소리 내면 여기 다 달려와서 너 한꺼번에 강간하고, 죽여서 파묻어. 그런 사람 여기 많아!"

위협하는 아저씨를 향해 어머니는 울음 섞인 목소리로 해명했다.

"아저씨! 나는 지금 죽는 게 겁나서 이러는 게 아니에요. 아저씨가 너무 불쌍해서 울어요. 무서워서 우는 것도 아니에요. 아저씨는 어쩌다가 이렇게 되었어요?"

약간 의아해진 강도는 다시 눈알을 부라리며 어머니에게

윽박질렀다.

"딴말하지 말고 이거 뭐야? 목걸이, 이거 뭐야?"
"그거 가짜예요. 이게 진짜예요. 결혼반지인데…."

결혼반지를 가리키며 어머니가 말했다. 반지를 빼 보라던 아저씨는 작품용 캐논 카메라도 빼앗으려 했다. 어머니는 황급하게 말렸다.

"아저씨, 그건 안 돼요. 저 지금 작품 사진 찍어서 가야 하는데 그건 안 돼요."

강도가 알았다며 카메라를 돌려주며, 다시 거칠게 물었다.

"돈은 얼마 있어?"
"아저씨, 이건 갈 때 택시비 해야 해요."
"아, 그럼 됐고…. 너, 소리 내면 이 남자들이 가만 안 둬. 여기서 한둘이 죽은 게 아니야. 가만히 내 손잡고 따라와. 위험하니까…. 이리로 따라와."
"아저씨, 이런 거 처음이세요? 왜 이런 짓을 하세요…."
"그래, 나 처음이다."

"근데 이런 짓 하면 취직도 안 된다는데 왜 이런 짓을 하세요?"

"너 어디 대학교 나왔어?"

"저 D여대 나왔어요."

"아! 나도 거기 나온 동생이 있어. 나 사실은 굉장한 부자였어. 큰 기업체를 가지고 있었는데 완전히 사기당해서 다 날아갔지. 나 그렇게 망하고 나니까 하룻밤 재워 주는 사람도 없더라. 집까지 뺏기고, 아이는 셋이나 되는데, 밥 먹을 쌀도 없어. 내 부모님과 동생까지도 모두 내가 스스로 독립해야 한다고 잠도 하룻밤 안 재워 주더라. 집에도 못 들어오게 하고…. 그런데 그중에 제일 분한 게 내 마누라야. 날 버리고 도망가 버렸거든. 그래서 여자만 보면 강간하고 모조리 죽여야겠다고 생각했어. 관악산에 왔는데 그런 동지들이 많더라고. 알고 보니, 여기에 사람들 많이 파묻어 놨더라고. 그러니까 너 소리 지르면 안 돼!"

강도는 자기 사정을 갑자기 막 이야기했다. 어머니는 그런 강도를 향해 자신의 사연을 이야기했다.

"아저씨. 저도 오늘 너무 속상했어요. 우리 조카가 있는데 오빠도 아내랑 헤어지고 고모들이 대신 키우고 있는데, 애가 자꾸 도둑질해서 아무리 말려도 고치질 않아요. 그래서 엉엉 울다가 작품 사진 때문에 여기까지 왔는데…."

"아! 그런 거는 어릴 때 기를 고쳐 놔야 해. 내가 밤에 한번 집에 가서 놀라게 해 줘? 일본 소설 어딘가에 보니까, 도둑질 자꾸 하는 놈을 고치려고 아버지가 밤에 몰래 도둑 분장을 해서 겁을 줬더니 아들이 그 버릇을 확 고치더만. 그렇게 하면 돼."
"아저씨, 그래요? 그래도 우리 집에 들어오는 건 좀⋯."

강도는 어느새 거꾸로 어머니를 도와주려고 애를 쓰는 것 같았다.

"내가 사실은 마음을 달리 먹었어. 아니! 반지를 빼앗기는 도중에 진짜, 가짜인지를 알려 주는 사람이 어디 있어? 그거 결혼반지라는 소리 듣고는 이거 돌려줘야겠다고 생각해서 일행을 일부러 피해서 온 거야. 이거 다 알면 나눠 먹어야 하거든. 동료 여섯 명이랑 팔아서 같이 엔분의 일. 그래서 큰길로 안 내려오고 산길로 내려온 거야. 근데, 반지를 아까 손잡고 내려오다가 그만 눈 속에 빠뜨렸는데 어떡하지? 아이, 참! 내가 좀 찾아볼 테니까, 전화번호 가르쳐 주면 찾아서 돌려줄게."

어머니는 자신의 전화번호를 순순히 가르쳐 주셨다. 그러자 아저씨가 다시 어이없다는 듯이 말했다.

"아니, 도둑놈한테 이런 걸 가르쳐 주면 어떡해…."
"아저씨, 전화 주세요. 그리고 제가 다니는 교회에 한번 나오시면 좋겠어요. 하나님이 아저씨 삶에 산재한 그 문제들을 어떻게 해결해야 할지 실마리를 찾게 해 주실 거예요. 교회에 나오시면……."

어머니는 자신의 교회를 가르쳐 주며 진지한 눈빛으로 말씀하셨다.

"우리 집에 낡은 찬송가가 몇 권 있긴 있어. 예전에는 좀 다녔는데 지금은 안 다녀…. 그 교회까지 가기엔 너무 먼데…."
"그래도 꼭 오셔야 해요."

그 말을 마지막으로 집으로 되돌아온 어머니. 며칠 후, 전화 온 아저씨는 어머니의 반지를 도통 찾질 못하겠다고 정말 미안하다고 해명했다. 그러고는 교회에 갈 수 없는 이유를 반복해서 언급했다.

"내가 지금 돈이 한 푼도 없어. 차비도 없고. 쌀도 다 떨어졌어."
"아저씨, 제가 쌀 사 드릴게요. 애들이 밥 못 먹고 있으면 안 되잖아요."

"할렐루야! 세상에 이렇게 순수한 사람이 있다니…."

며칠 뒤, 아저씨에게서 다시 연락이 왔다.

"내가 그 집 어떻게 사나 한번 알아봤는데, 전세 살고, 그리 넉넉하지도 않던데! 조카도 키우고…. 아, 사는 것도 어려우면서 무슨 쌀을 사 줘?"
"아저씨 쌀 사 줄 돈은 있어요. 교회로 오세요. 저는 성가대 서니까 성가대 앞으로 오세요."

통화를 마치고 며칠 뒤, 아저씨는 정말로 성가대 앞으로 바바리 정장을 쫙 빼입고, 낡은 찬송가를 들고서 교회에 나왔다. 그 모습이 마치 쓰러져 가는 고목이 온 힘을 다해 간신히 몸을 지탱하며 서 있는 모습 같았다. 아저씨는 아이들이 밥을 먹을 수 있게 해 줘서 고맙다며 인사하고, 동료들이 자신이 교회 가면 잡힐 거라며 가지 말라고 만류했는데 용기 내 나왔다고 고백했다. 그런 아저씨에게 어머니는 다시 한번 힘주어 말씀하셨다.

"아저씨, 남대문이나 동대문 같은 시장에 한번 가 보세요. 양말만 팔아도 굉장히 잘 팔려요. 새벽부터 정말 열심히 살아가시는 모습 보면서 전 감동했었어요."

성가대 앞에 우두커니 서 있는 그 아저씨 앞으로, 찬송가 〈환난과 핍박 중에도〉가 웅장하게 울려 퍼졌다.

"환난과 핍박 중에도 성도는 신앙 지켰네. 이 신앙 생각할 때에 기쁨이 충만하도다. 성도의 신앙 따라서 죽도록 충성하겠네. 옥중에 매인 성도나 양심은 자유 얻었네. 우리도 고난받으면 죽어도 영광되도다. 성도의 신앙 따라서 죽도록 충성하겠네. 성도의 신앙 본받아 원수도 사랑하겠네. 인자한 언어 행실로 이 신앙 전파하리라. 성도의 신앙 따라서 죽도록 충성하겠네. 아멘."

어머니는 아저씨에게 적어도 세 번은 교회에 나와야 한다고 당부하셨다. 그리고 두 번째 교회에 나온 날, 쌀값을 손에 쥐여 주었다. 아저씨의 다른 손에는 예전에 썼다던 낡은 찬송가가 은혜의 바람결에 몸을 펄럭이고 있었다. 앞으로 계속 동네 교회에 나가 보겠다는 약속을 마지막으로 어머니와 작별 인사를 한 아저씨.

내가 기억하는 어머니는 여린 듯해 보이지만 누구보다도 강인한 사랑의 여인이셨다. 하지만 사람들을 하나님의 심장으로 사랑하다가 상처가 날 때도 종종 있었다. 그러나 상처는 시간이 지나면 새살이 돋아 올라 저절로 아물어 치유된다. 움푹 팬 상처 난 자리에도 저절로 새살이 돋아 오르듯, 어머니 역시 마음의 상처 난 자리에 새살이 솟아오르듯 하는 분이셨다. 밴쿠버에 이민을 오시고 난 이후에도, 주위에 가장 힘든 상황에 부닥친 분들을 일부러 가까이하시며 음식을 대접하시던 어머니. 그녀의 김치, 김밥, 잡채는 이민 사회에 모진 바람이 부는 날, 따뜻한 온기 한 자락이 되어 그분들 삶에 덧입혀졌다.

어머니가 돌아가신 지 어느덧 1년이 지나, 어머니의 첫 번째 기일이 되었다. 추모 예배 날, 나는 울먹이는 음성으로 어머니 추모사를 낭독했다. 이날에, 깨어진 유리 조각을 작품으로 만드신 어머니의 성품을 돌이켜 보며 하나님의 마음을 깊이 묵상해 보았다. 우리가 죄인인 걸 아시면서도, 깨어진 유리 조각 같은 우리의 삶을 곱게 이어 붙이셔서 완벽한 작품으로 재탄생시키신 하나님. 깨어진 우리의 유리 조각 같은 삶을 쓰레기라고 내쳐 버리지 않으시는 그분. 오히려 한 명 한 명 깨어진 그 성품과 인격을 다듬어 새로운 작품으로 멋지게 완성하신 예술가 하나님. 어머니께서 예전 내 나이였을 때 강도를 만나셨다면, 그의 깨어진 유리 조각 같은 삶이 자신을 베어 버릴까 봐 한없이 두려우셨을 테다. 하지만 어머니는 그 유리 조각도 새로운 삶으로 태어날 수 있다고 믿으며 하나님의 심장으로 아저씨를 대하셨다.

"많은 사람을 옳은 데로 돌아오게 한 자는 별과 같이 영원토록 빛나리라."

다니엘서 12장 3절의 말씀 속에서, 이제는 하나의 빛나는 별이 되어 천국에서 쉬고 계시는 어머니가 사무치게 그립다. 부서진 유리 조각을 한곳에 모아서 작품을 만드신 어머니의 손길 같았던 하나님의 은혜. 내 삶에 산재해 있던, 산산이 부서진 유리 조각의 파편들이 떠오른다. 그것들을 쓰레기통에 내쳐 버리지 않으시고, 정성껏 쓸어 모아 영롱한 별의 작품으로 만들어 주신 하나님 아버지께 이 순간, 감사의 기도를 간절하게 올려 본다. 모두가 눈길 주지 않는 폐품조차도 우리가 상상할 수 없는 방법으로 활용하는 예술가이신 하나님. 그분의 마음이 어머니 삶에 가득 고이니, 〈별〉이라는 작품으로 다시 태어났다. 그 작품은 내 마음의 하늘이 캄캄해질 때마다 무지갯빛을 발하며 오늘 이 자리에서, 먹먹한 나의 밤을 영롱히 지킨다. 내 삶에서 어머니의 믿음의 유산이 된 〈별〉이라는 작품이 하늘에 덩그러니 걸려서 따스한 위로의 빛을 쉬지 않고 반사하니, 그 빛살에 내 눈도 부셔 온다.

황정현

삶의 조각을 글로 꿰는 수필가. 해진 옷자락도 곱게 수선하시는 주님을 닮은 글을 낳고 싶다.

수필
우수작

환영(幻影)[1]

강해라

---
[1] 변할 환, 그림자 영. 변하는 그림자와 그 그림자의 변화에 대해서

***

둥근 새벽에 시린 희망을 담아 태어났다. 1984년생 셋째 딸. 유려하고 희붐한 이름으로 나는 호명된다. '강해라'. 나의 부모는 어떠한 깊이로 사유를 담금질하여 나를 이렇게 호명했을까? 남아선호사상(男兒選好思想)이 만연한 그때에, 어릴 때부터 듣는 말이 하나 있었다. 번역한즉, '아들이었다면', '고추였다면'.

아직 완성되지 않은 미완의 덩어리에게 자신의 완성된 염원을 영원히 주술했던 이들의 얼굴은 얼큰하게 취해 있었다. 그들은 마치 내가 이 세상에 태어난 것을 완전한 실패로 보는 듯했고, 그 망망한 눈빛은 기억의 가장 깊은 곳에 각인되어 있다. 내가 태어나던 날 둥근 새벽에, 아버지가 술을 거나하게 드시고 병원에 오셔서 "우리 아들 한번 보자" 하셨다고 한다. 그러나 입구에서 아들이 아니라는 소식을 듣고서 아이를 보지도 않고 집으로 돌아가셨다는 이야기를 어릴 때부터 들으며 자랐다. 아들 기저귀 빨아서 널어 보는 게 소원이었다던 엄마의 소망은 셋째 딸을 끝으로 사라지고 말았다. 거절의 문장이 태어난 순간부터 자리하고 있었다. 존재는커녕 내 울음, 이름, 그림자는 누구도 환영하지 않는 그림.

시간의 강물이 모든 상처를 씻어 낸다면, 그것이 얼마나 행복한 일이겠는가. 그러나 시간의 강물은 상처를 씻어 내는 것이 아니라, 상처의 흔적을 더욱 단단히 새겨 버린 듯했다. 그 흔적이 결국 정체성이 되어, 스스로 '환영받지 못하는 존재'로 굳어졌다. 중학생 무렵 집이 이사를 가게 되어 이삿짐을 정리하다가 발견한 카세트테이프를 재생해 보니, 여섯 살 정도 되어 보이는 내 목소리가 흘러나왔다. 여섯 살의 해라는 이런 말들을 남겨 놓았다. "세상에 아무도 나를 사랑하지 않는다. 나는 너무 죽고 싶다"라고….

어제는 이사를 했다. 낡은 짐을 정리하다가 멍든 장판 위에 놓인 벌거벗은 카세트테이프를 발견했다. 붉은 레코더의 '재생'버튼을 눌러 보았다. 바늘처럼 날카로운 그 소리는 소중한 고백을 질서정연하게 보관해 주었다. 들어 보니, 어린 시절 나는 눈물을 흘리며 말하고 있었다. 여덟 번을 듣고 나니, 마치 고해성사를 듣는 것 같다. 그러나 나는 내 자신에게 면죄부를 줄 수 없었다. 열네 번을 듣고 나니, 점차 그 어린 시절의 목소리는 한층 더 뾰족한 바늘이 되어 내 마음을 찔렀다. 왜 어린 시절에 그런 생각과 말을 했는지 기억나지는 않지만, 그것이 내 마음의 전부였다는 것은 분명했다. 번역한즉, '환영받지 못하는 존재', '사랑받지 못하는 존재', '시작부터 잘못된 존재'

    청소년기와 청년 시기에 나는 아주 많이 흔들렸고 항상 '죽음'을 마음에 품고 살았다. '왜' 왔는지 몰라서, '어떻게' 살아야 하는지도 몰라 그냥 아무것도 하고 싶지가 않았다. 나는 노래를 부르지 않았다. 나는 영화를 보지 않았다. 나는 연애를 하지 않았다. 나는 누군가에게 인정받기 위해 노력하지 않았다. 나는 고민하지 않았다. 나는 다이어트도 하지 않았다. 나는 술과 조금의 음식들로 살았다. 사실, 인간적으로 사는 것이 뭔지도 몰랐다. 살아 있는 것 자체에 어떤 의미가 있는지도 몰랐다. 그저 심장이 뛰기 때문에 사는 것이었다. 잘못 태어났고, 잘못 자라서, 잘못 살아가고 있었다. 나의 이름은 거대한 몸집 안에 들어 있지만, 정체성은 먼지처럼 흩어지는 것 같았다.

***

    그러나 그렇게 먼지같이 살아가던 날들 속 20대에 나는 예수를 만났다. 예수와의 만남은 내 생에 온통 처음투성이를 선물했다. 마치 도사가 말하는 '소풍'과 같았다. 맑은 물결에 돋아난 물 위에 있는 하얀 꽃, 청명한 하늘의 아우성 같았다. 예수를 만나자마자 계속해서 퍼지는 설렘이 있었다. 아니, 나를 기다려 주고 있었다는 이상한 쾌감이 있었다. 그것은 손에 닿을 듯 말 듯 살짝이는 간지럼이었고, 마지막 한 조각 남은 퍼즐이 딱 들어맞는 느낌이었다. 교회에서 흔히 말하는 "당신은 하나님의 걸작품입니다"라는 말도 나에게는 너무 감동적이었다. 실수와 오류라고 생각했던 내가 걸작품이라니! 나의 성별, 태어난 순서, 모두가 하나님의 손으로 이미 '완성'되었다니! 이 얼마나 놀라운 이야기인가.

그날 나는 절규했다. 처음 소주를 마시며 곱게 묶어 둔 감정을 풀어 울던 밤보다 더 절규하며 울었다. 장마철 깊은 진흙더미 속 찌꺼기 같던 내 생이 갑자기 하늘에 별이 된 듯 빛이 나고 봄날의 꽃처럼 향기롭게 느껴졌다. 나를 지으신 이가 하나님이라니, 이처럼 황홀한 이야기가 또 어디 있을까? 하나님은 나를 생애 처음으로 환영해 주셨다.

예수의 초청은 따뜻했다. 그것은 어떤 조건도 붙지 않은 순수한 환영이었다. 내가 다른 무엇이 되기를 바라는 것이 아닌, 내가 이미 그대로 온전하다는 하나님의 시선은 그 무엇과도 비교할 수 없는 빛이요 기쁨이었다. 그리고 그 빛과 기쁨을 마음껏 누릴 수 있는 자유가 허락되었다. 나는 내 존재를 환영하시는 하나님을 알게 되었다.

***

세월이 흘러 나는 엄마가 되었다. 둥글고 둥그런 새벽에, 설레는 희망을 담아 태어났다. 2020년생 나의 외동딸, 청파와 같은 청량함으로 나는 너를 호명한다. '김미소(美小)'. 내 남편은 내 사연을 알기에, 가장 사랑스러운 이름으로 너를 지어 주었다. 너는 나의 미소, 우리의 미소라고…. 너를 부를 때마다 우리는 웃는다고…. 그리고 하나님도 웃을 것이라고…. 그리고 동시에, '세상의 작은 것들의 아름다움'을 일깨워 주라고 '미소(美小)'라고 부른다. 나는 내 딸아이가 뱃속에 처음 찾아오고서 여섯 살이 된 오늘까지도 매일 해 주는 이야기가 있다.

"미소야, 엄마 딸로 와 주어서 정말 고마워."

매일 너를 향해 고백하지만, 한 번도 그냥 해 본 적이 없는 진심이 서려 있는 나의 언어이다. 이른 새벽, 아이 이마에 입을 맞추며 발끝만큼 똑같은 마음을 지어 낸다. 미소가 자신의 존재가 세상에서, 그리고 부모에게서 얼마나 소중하고 아름다운 존재인지, 그 생을 매일 사랑해 주고 싶은 나의 환영.

***

매일 듣다 보니 아이도 이제 나에게 대답을 돌려준다.

"엄마, 미소 엄마로 와 주어서 고마워."

이 한마디가 나의 존재를 우주만큼 소중하게 한다. 갈대가 흔들리는 강변처럼, 들레가 흔들리는 들판처럼, 나의 존재는 내가 '엄마'라는 존재로 온전히 받아들여지고 있다. 아이의 입술에서 나오는 환영의 말 한마디는 내 영혼의 메마른 땅에 단비와 같았다. 그 말을 들을 때마다 내 안에 있던 '셋째 딸'이라는 상처는 아물어 가고 있다.

오늘은 감히 소원해 본다. 하나님이 내게 주신 '환영'을 이제 나는 하나님께 돌려 드리고 싶다. "하나님이 나의 하나님이 되어 주셔서 저는 정말 행복하고 감사해요. 하나님이 나의 하나님이니 저는 하나님 외에 바랄 것이 없어요"라고…. 더할 나위 없는, 그저 '존재' 자체의 환영으로 하나님을 사랑하고 신앙

하고 싶다. 거대한 바다의 모래알, 수많은 별 중 하나, 지구상 수억의 사람 중 하나인 나를 환영해 주신 하나님께 나는 어떤 사랑의 화답을 돌려드릴 수 있을까?

그리고 그분이 이처럼 사랑하는 세상과 그토록 사랑하는 이웃을 나에게 주신 이유는 나도 누군가의 이름을 따뜻하게 호명하라고 주신 것이다. 지금도 어디선가 자신의 존재를 온 땅에 부정당하는 듯한 절망과 아픔 속에 점철된 그 모든 누군가들을 따뜻하게 안아 주며 환영해 주고 싶다. 지금은 개척 교회 사모로 있다. 우리 교회를 찾는 모든 이들에게 이 세상에서 가장 기다렸던 미소로 환영하며 반겨 주고 싶다.

강해라

15년 차 직장인에서 6년 차 경단녀가 되어 여섯 살 딸아이를 키우는 평범한 엄마. 마흔이 넘었어도 여전히 하나님 안에서 내일을 희망하는 딸이자 개척 교회 사모.

수필
가작

거룩한 낭비

안지수

***

어느 날, 이마에 종기가 났다. 하나, 둘, 셋, 넷. 뚜렷하게 느껴지는 종기에 나는 이마를 더듬거리며 화장실로 향했다. 그러자 거울에 비친 초록색 종기가 보였다.

'이게 뭐야?'

깜짝 놀라 종기를 만지는데, 톡 하고 터지며 초록색 액체가 흘러내렸다. 그 액체가 눈에 닿은 순간, 한쪽 눈이 따끔거리더니 순식간에 눈이 멀었다. 거기서 끝이 아니었다. 또 다른 종기가 터지더니 이번에는 귀가 부식되기 시작했다.
  뭐라 말할 틈도 없이, 엄마에게 달려가 내 몸이 이상하다고 말할 틈도 없이, 내 두 귀는 프랑켄슈타인처럼 앙상한 뼈만 남긴 채 부식되어 갔다. 귓가에 들리는 소리가 이명인지, 아니면 귀가 멀어져 가는 건지 가늠할 수도 없었다. 나는 혼미한 정신을 겨우 붙잡고 남은 한쪽 눈으로 거울을 응시했다. 그리고 빌었다.

"주여, 나의 아버지. 이 두려운 상황을 감당하게 하소서. 견디게 하소서. 받아들이게 하소서."

원망보다 소망을, 두려움보다는 담대함을 담아 간절하게 외쳤다. 그 순간!

"흡…!"

감았던 눈이 번쩍 뜨이며 나는 잠에서 깨어났다. 가쁜 숨을 헐떡이며 몸을 일으키자, 새벽빛이 스며든 푸른 방 안이 보였다.

'보인다. 두 눈 모두 멀쩡히 보여!'

어찌나 놀랐는지 목이 타들어 갔다. 밖으로 뛰쳐나와 정수기에 컵을 대고 물을 받는데, 놀란 마음에 손이 덜덜 떨렸다. 물이 절반도 차지 않았지만 다급하게 컵을 들어 벌컥벌컥 물을 들이켰다. 목구멍으로 물이 넘어가자 그제야 살 것 같았다.

탁, 식탁에 컵을 내려놓고 화장실로 들어갔다. 거울에 비친 내 귀는 평상시처럼 온전히 달려 있었다.

'귀도 멀쩡해.'

살로 덮인 귀를 보는 게 이렇게 감동적일 줄이야. 나는 연거푸 내 귀를 매만지며 두 귀가 멀쩡하게 달려 있음에 감사했다.

"짹짹짹!"

창밖에서 새소리가 들렸다. 아침이 시작되었음을 알리듯 우렁찬 소리에 나는 그제야 내 청력이 온전함을 깨달았다.

'다 꿈이었구나. 그 모든 게 찰나의 꿈일 뿐이었어.'

후들거리는 다리로 침대에 걸어가 몸을 뉘었다. 긴장으로 굳었던 몸이 일제히 풀리며 안도의 한숨이 흘러나왔다.

"감사합니다, 아버지. 현실이 아닌 한낱 꿈이었음에 진심으로 감사드립니다."

이렇게 가슴을 쓸어내리며 감사를 올리는 건 정말 오랜만이었다. 내가 왜 이런 꿈을 꾸게 되었는지는 중요하지 않았다. 그저 내가 겪은 일이 현실이 아닌 꿈이라는 것만으로도 넘치게 감사했다. 내 눈, 내 귀, 내가 가진 모든 것들은 날 때부터 주어진 너무나 익숙하고 당연한 것들이었다. 그러나 이 짧은 꿈을 통해 깨달았다.

'만약 이게 꿈이 아니었다면? 그럼 나는 한순간에 눈과 귀, 모든 것을 잃었겠구나.'

머리부터 발끝까지 오싹 소름이 끼쳤다. 그 순간, 마치 주님의 목소리가 귓가에 들리는 듯했다.

"네가 가진 모든 것들을 당연히 여기지 말거라. 방금 네가 본 것들은 언제든 일어날 수 있는 일이야. 그러니 잊지 말고 기억하거라."

내 몸이 어떻게 생겼든 그저 존재하고 있다는 것만 해도 감사한데, 나는 그 감사함을 잊은 채 불평과 불만을 해 왔다. 손이 조금만 더 컸으면, 발이 조금 더 예뻤으면, 귀는 이렇게, 코는 저렇게…. 참으로 어리석은 생각이었다. 심호흡을 하며 물끄러미 창밖을 바라보는데, 문득 오래전 우연히 본 영상이 떠올랐다.

"저는 90세입니다. 오늘 하루 49살로 눈을 떴어요."

영상 속 그녀는 침대에서 가볍게 몸을 일으켰다. 통증이 없는 몸이 얼떨떨한지 제 팔다리를 놀란 듯 내려다보았고, 화장실로 걸어가 거울을 봤다. 주름도 없고 머리숱도 많은 게 신기한지 한참이나 거울 속 제 모습에 눈을 떼지 못했다.

젊은 몸이라 반사 신경이 좋아 운전도 할 수 있었고, 관절도 튼튼해서 달리기도 가능했다. 핸드폰이 울려 내려다보니 엄마의 메시지가 와 있었다. 보고 싶었던 부모님의 연락에 그녀는 행복과 기쁨의 눈물을 흘렸다.

예쁜 풍경을 보다 귀에 이어폰을 꽂고 마음대로 춤을 췄다. 남의 눈치를 보느라 하고 싶은 것도 못 했던 한풀이 하듯 커다랗게 웃으며 몸을 흔들었다. 영상이 끝나자, 핸드폰 화면에 비친 내가 보였다. 나이 먹는 게 싫다며 투덜거린 게 민망할 정도로 젊은 모습이었다. 그 순간 생각했다.

'과연 내가 영상 속 이 여자라면, 나는 어떤 마음가짐으로 하루를 살아갈까? 그래. 오늘 하루 아흔 살에서 스물아홉 살로 돌아

온 사람처럼 살아 보자.'

욕실로 들어가 머리부터 발끝까지 개운하게 씻었다. 탱탱한 피부와 부드러운 머릿결에 콧노래를 부르며 밖으로 나왔다. 신발 끈을 묶으려 무릎을 굽혔는데 무릎이 욱신거리지 않았다.

'90세의 나는 이것만으로도 충분히 감사했겠지?'

그리 생각하자 입가에 환한 미소가 번졌다. 회사까지 힘차게 달렸다. 뺨을 스치는 바람과 골목 곳곳 삐져나온 푸른 나뭇잎들을 보며 환히 웃었다. 두 눈이 선명히 보였고, 햇빛을 가리기 위해 살포시 뻗은 손에는 주름 하나 없었다.

뒤에서 "빵!" 하고 울리는 차 소리에 몸이 반사적으로 움직였다. 만약 아흔 살이었다면 듣지 못했거나 피하지 못했을 상황이었다. 입에서는 끊임없는 웃음이 흘러나왔다. 평상시와 다를 것 하나 없는 평범한 일상일 뿐인데, 내가 마음을 다르게 먹었다는 것만으로도 모든 순간이 너무나 감사하게 느껴졌다.

아흔 살인 내가 스물아홉 살로 돌아왔다고 생각하자, 회사에서 일하는 게 두렵지 않았다. 여느 때처럼 나를 갈구는 상사

앞에 고개를 숙이면서도 그의 말을 한 귀로 듣고 흘리며, '애는 젊은 애가 벌써부터 이렇게 꼬여서 어떡한데…' 하며 속으로 혀를 찼다. 90세 노인의 마음으로 눈앞의 상사를 보니, 그저 어리고 가엾게만 보였다. 그렇게 하루를 끝마치고 집으로 돌아왔다. 나를 반기는 엄마와 아빠를 보니, 잃었던 부모님을 다시 본 듯 반가웠다.

   밥을 먹는 내내 부모님의 얼굴을 물끄러미 구경했다. 엄마 아빠의 웃는 모습, 말하는 목소리, 나를 향한 표정들. 무엇 하나 놓치지 않기 위해 오래도록 보았다. 나를 이루고 있는 이 모든 것들이 더없이 귀중했다. 이게 꿈이라면 영영 깨고 싶지 않을 만큼….

   사실 어제까지만 해도 나는 내 삶에 만족하지 못했다. 그러나 아흔 살에서 스물아홉 살로 돌아왔다고 생각하고 하루를 살아 보니 이렇게 만족스러울 수가 없었다. 그간 내가 했던 가장 큰 고민은 바로 퇴사였다. 마음 같아서는 당장이라도 퇴사하고 싶었지만, 용기가 없어 그만두지 못했다. 그러나 오늘을 통해 깨달았다. 다시는 돌아오지 않을 나의 귀한 시간을 이렇게 허비할 수는 없다는 걸.

   '그래. 퇴사하자. 내 적성에도 맞지 않고, 매일같이 괴롭힘이나

당하는 회사를 벗어나자. 조금은 바보 같은 선택일지라도 용기 있게 내 미래를 위한 결정을 내리자.'

내 삶이 이토록 소중한데, 쓸데없는 사람으로 인해 감정 소모나 하며 시간을 보낼 수는 없었다. 좋은 것만 보고, 감사함만 느끼며 알차게 살아가도 부족한 삶이었다. 누군가는 어리석은 선택이라며 혀를 찰 수도 있지만, 나는 이렇게 생각하기로 했다.

'내가 주 5일 동안 회사를 다녀서 버는 돈이 3,500만 원이라 치자. 만약 내가 3,500만 원을 주고 나의 스물아홉 살을 살 수 있다면, 나는 이 돈을 기꺼이 지불할까?'

정답은 '예스'였다. 나는 기꺼이 저 돈과 나의 스물아홉 살을 맞바꾸었다. 그 대신 스스로의 마음가짐을 재정비했다.

'지금 내게 주어진 시간은 내가 돈 주고 산 시간들이야. 그러니 절대로 허비해서는 안 돼. 의미 없이 흘러가는 이 시간 모두 나의 돈이고 귀한 자원이야.'

자, 그러면 나는 가장 먼저 무엇에 시간을 쏟을 것인가. 가만히 주님께 물어보니, 주님은 말없이 내게 손짓하셨다. 여기, 이리로, 나에게로 오라고….

생각해 보면 일하고 연애하는 데 바빠서 주님과 온전한 교제의 시간을 가진 적이 별로 없었다. 그제야 깨달았다. 그동안 나는 주님을 사랑한다고 말하면서도 정작 그분과 깊이 교제하는 시간은 뒷전이었다는 것을…. 그것은 마치 사랑하는 사람에게 '바빠서 못 만나겠어'라고 말한 것과 다름없는 일이었다.

'더는 그래서는 안 돼. 어떻게든 주님과 더 가까워지자.'

나는 하루에 한 번 주님과 독대하는 시간을 정해, 그 시간을 꼭 지키려 노력했다. 연애하느라, 여행을 가느라, 바빠서 노느라, 이런저런 핑계로 미뤘던 주님과의 시간을 차근차근 넓혀 나가자, 주님과 나의 사이가 끈끈해지는 것이 느껴졌다.
물론 이런 생각이 불쑥 올라올 때도 있었다.

'이 시간에 차라리 일을 하거나, 공부를 하는 게 내 인생에 더 도움이 되지 않을까?'

그러나 아무리 생각해도 내 인생에 이와 같은 기회는 없었다. 내 모든 시간과 사랑을 주님께 온전히 쏟아부을 수 있는 시간은 지금뿐이었다. 나의 가장 젊은 날을, 예쁜 청춘을 주님께 바치고 싶었다.

그렇게 주님과의 시간을 늘려 가던 어느 새벽, 목사님의 설교가 내 마음 깊숙이 파고들었다.

"어쩌면 주님께 나아오는 이 순간과 예배가 의미 없고 무가치하다 여겨질 수도 있습니다. 누군가는 우리에게 시간을 낭비하지 말라고 말할 수도 있지요. 하지만 저는 이 시간을 거룩한 낭비라 생각합니다. 자신의 전 재산을 쏟아부어 향유를 사서, 주님의 발에 부어 드린 마리아처럼 말입니다."

향유는 향기롭지만 한 번 부어지면 끝이다. 어떤 면에서 봤을 때 아깝다고 생각될 수 있고, 효율적이지 않아 낭비처럼 보일 수도 있다. 그래서 마리아가 향유를 부어 드렸을 때 목에 핏대를 세우면서 나무란 제자들도 많았다.

그러나 평상시라면 절약에 대해 말씀하셨을 주님께서 오히려 마리아를 칭찬하셨다. 마리아는 예수님께서 죽으신다는 것을 기억하고 그의 장례를 예비한 유일한 여인이었기 때문이다.

이처럼 주님을 믿고 진심으로 사랑하는 자에게 나타나는 하나의 특징이 있으니, '거룩한 낭비'다. 인생 가운데서 성공했다고 하는 사람들은 하나같이 성실함과 효율을 중요시했다.
 어쩌면 하나님을 위한 우리의 투자와 시간적 소비는 세상 가치관으로 봤을 때 완전히 비효율적으로 보일 수도 있다. 때때로 내가 새벽을 깨워 새벽 기도에 나갈 때면, 우리 아빠는 이렇게 말했다.

 "그 시간에 잠이나 더 자고 체력을 더 보충해라."

 그러나 나는 이처럼 비효율적인 시간과 노력들이 하나님께 의미 있고 가치 있는 헌신이 될 수 있다고 믿는다. 모세가 양을 치며 살았던 광야의 40년 세월, 사울을 피해 도망 다닌 다윗의 도망자 시절, 그 누구도 주목하지 않았던 그 시간들도 결국 하나님의 위대한 계획을 이루는 준비의 과정이었다.
 내가 주님을 위해 사용하는 시간이 누군가의 눈에는 아무런 의미가 없어 보일지라도, 나와 주님은 안다. 이 시간은 세상 그 무엇과도 바꿀 수 없는 귀한 시간이라는 것을….
 언젠가 이런 생각을 해 본 적이 있다.

 '천국의 심사대 앞에 섰을 때, 내 앞 사람이 지옥으로 끌려가는 모습을 보고도 나는 담대하게 내 차례를 기다릴 수 있을까?'

나의 대답은 '예스'였다. 구원은 오직 은혜로 받는 것. 나는 주님께서 내리신 은혜와 우리가 함께한 시간들을 믿었다. 언젠가 주님을 만나 뵐 그날, 나는 주님께 이렇게 말할 것이다.

"주님, 우리 정말 많은 추억을 함께 했죠? 정말 보고 싶었어요."

안지수

네 작품, 총 17권의 책을 집필한 작가이자 신문사에 에세이를 기고하는 글쟁이. 스스로 보지 못하는 자신을 마주하기 위해 글을 쓴다. 마음의 바다에서 문장을 낚아 올리는 어부처럼, 때로는 허탕을 치고 때로는 월척을 낚는다. "내게 능력 주시는 자 안에서 내가 모든 것을 할 수 있느니라"라는 말씀을 붙들고, 오늘도 변함없이 글의 바다로 향한다.

수필
―
가작

내 작은 창가에 촛불을 켜면

송현숙

***

 엄마, 나는 지금 플루메리아꽃 향초를 켰어요. 은은한 황금색 스탠드 아래 유리병 속 연분홍 촛불이 활활 타오르고 있어요. 거실 식탁 위에 켜 두었는데, 안방에도, 베란다에도 향기가 퍼져 가고 있네요. 이 시간 촛불의 꽃향기가 멀리멀리 날아가 엄마 방에 머물렀으면 좋겠네요. 방에는 성경책이 펼쳐 있고, 벽에는 조 서방이 사 준 커다란 세계 지도가 걸려 있고, 거실 벽에는 시인 모자 몇 점이 걸려 있어요. 시인 모자를 폼 나게 쓰고서 코코 강아지랑 칠엽수 나무 밑 원형 탁자에 앉아 시를 써야지 꼭 써야지 다짐했었는데, 시 한 편 쓰지 못하고 몇 해가 훌쩍 지나가 버렸어요. 그래서 오늘은 시든, 수필이든, 편지글이든, 소설이든 글을 좀 써 보려고요.
 컴퓨터 동영상에서는 아름다운 노래 리처드 클레이더만(Richard Clayderman)의 피아노곡 〈아드린느를 위한 발라드〉가 흘러나오고 있어요. 어느 해, K 도시 예술인 총연합회 회식 모임에서 김 화가는 저에게 술을 권했어요. 제가 마시지 못 한다고 하자, 송 시인은 "맨정신에 어떻게 글을 써요? 무슨 정신으로 쓰세요?"라고 물어보시더라고요. 김 화가의 말씀이 맞았습니다. 다른 사람의 사소한 말에도 쉽게 상처를 받는 저의 여린 영혼은 고슴도치 털처럼 따가워 도저히 글을 쓸 수가 없었어요. 글이 손에도 머리에도 잡히지 않았어요. 그게 하루, 이틀, 사흘이 아니었지요. 저의 내면의 풍경은 말할 수 없는 슬픔과 깊은 고뇌로 가득 차 있었어요.

살아오면서 엄마에게 들었던 수많은 속담 중 '시작이 반'이라는 속담을 무척이나 좋아했는데, 무언가 시작을 하면 벌써 반이나 지나 있고, 또 반이나 이루어져 있더라고요. 글을 쓰려고 하면 영혼과 육체가 어느 사이 피곤해져 눕게 되고, 또 내 글쓰기가 너무 고통스러워 다른 작가의 글을 읽을 때가 많고, 어떤 때는 졸음이 가득 몰려들어 잠을 자고 있더라고요. 머리에는 '글을 써야지, 글을 써야지' 하면서도 자신의 의지가 얼마나 나약한지 늘 스스로에게 지고 말았어요. 그러다가 맨정신으로는 도저히 글을 쓸 수가 없어 〈아드린느를 위한 발라드〉를 들으며 글쓰기를 시작했어요.

엄마, 저 참 잘했지요? 누워 계시지만 박수 좀 쳐 주세요. 오늘 엄마에게 쓰는 이 편지는 세상에서 썼던 편지 중 아마 가장 긴 편지가 될 것 같네요.

하루 종일, 몇 달을, 아니 몇 년을 누워서만 살아가시는 엄마는 하루가 천년같이 느껴지시겠지요. 동, 서, 남, 북에 살고 있는 네 딸들의 집에 돈이 없어서 못 가는 것도 아니요, 시간이 없어서 못 가는 것도 아니요, 발이 없어서 못 가는 것도 아닌데, 내 발로 갈 수 없다며 어린아이같이 눈물방울을 떨구시는 94세 엄마, 임전호 씨! 매달 첫째 주 주일이 막내딸이 엄마를 찾아뵈어야 하는 순번 일인데, 어느 주일날이었을까요?

엄마는 평생 들어 보지 못했던 비밀스러운 이야기를 보따리 풀어 놓듯 막내딸에게 풀어 놓으셨지요. 아주 짧은 순간이었지만, 엄마의 생각은 왜정 때 국민학교 시절로 돌아가 멈춰 버린 듯했습니다. 그때 당시 집안이 부유하여 아버지 임무준 씨는 서울 가서 옷감을 사와 당신이 직접 딸의 치수를 재고 재단을 하여 검정 치마와 분홍 저고리를 해 입히셨다고 하셨지요.

엄마는 비단 저고리와 비단 치마만 입고 학교에 다녔는데, 같은 반 친구들이 얼마나 시샘하던지 "마쓰바라 센코(일제 시대의 엄마 이름), 너 돈 많으니까 어서 가서 빵 좀 사와"라고 으름장을 놓았다고 하였지요. 점심시간에 친구들 빵을 사다 주어서, 엄마는 늘 혼자 산에서 점심을 먹었다며 흐느끼며 울었습니다. 엄마는 외로움, 두려움, 그리고 친구들에게 당했던 억울

했던 일들이 평생 마음에 상처로 쌓여 있으셨나 봅니다.

숨겨 두었던 엄마의 이야기를 들으니, 내 가슴에도 엄마의 상처가 고스란히 전이되었지요. 나는 두 팔을 허리에 얹었다가 오른손의 검지를 들어 올리며 "엄마! 고놈의 계집애들 쫓아가서 내 혼내 주고 올까?" 했더니 왜정 때의 초등학교 시절로 돌아갔던 엄마의 생각이 현실로 돌아와 이 없는 분홍 잇몸으로 환하게 웃으셨지요. 그때는 마쓰바라 센코의 편이 되어 줄 친구가 아무도 없어서 무서웠지만, 이제라도 막내딸이 엄마 편이 되어 주니 아주 든든하셨나 봅니다.

당신 자신이 너무 여리고 연약했던 탓이었을까요? 어렸을 때 엄마가 했던 이런 말이 떠오르네요. "남의 집 딸들은 영악하고 사체스러워 산에 가서 범도 때려잡는다고 하던데, 우리 집 딸들은 그저 유순하기만 하고 숙맥들이네"라고요. 오랜 세월이 지나도 엄마의 이 말을 잊어버리지 않는 건, 다른 집 딸들처럼 야무지고 똑똑하게 세상 속에서 영향력을 발휘하거나 빛을 발하지 못하고 살아온 것 때문일까요?

엄마에게도 평생 남에게, 아니 딸들에게도 말 못 했던 비밀이 있듯이, 저에게도 숨겨 왔던 비밀이 있어요. 오늘 엄마에게만 살짝 털어놓을게요. 아니, 〈내 작은 창가에 촛불을 켜면〉 독자들도 내 비밀을 알게 되겠죠?

엄마, K 도시의 넓은 창의 아파트에서 살다가 이곳 C 도시의 작은 창의 아파트로 이사 온 지도 벌써 십여 년이 넘었네요. 울퉁불퉁한 돌로 깔려 있던 긴 통로를 지나면 육중한 바깥 철문이 있고, 그 문을 열면 전신 거울이 있고, 그리고 중문을 열면 큰아들 길상이 방, 그 옆에는 작은아들 희상이 방이 있었어요. 포인트를 준 꽃무늬 벽지가 있는 긴 복도를 지나면 거실이 있었는데, 조 서방이 구입한 몇 점의 유화가 걸려 있고, 여름 장마철에 불을 켜 놓지 않으면 주홍색 눈물을 줄줄 흘리던 소금 램프 세 개가 있었어요. 우리 방에 하나, 큰아들 방에 하나, 작은 아들 방에 하나. 이렇게 있었던 암염 스탠드는 음이온이 방출되어 실내 공기 정화에 많은 도움을 주었지요. 히말라야 크리스털 소금 램프는 어둠 속에서도 은은한 저녁 노을 빛이 아주 편안함을 느끼게 해 주었어요.

엄마를 닮아 꽃을 너무 좋아하던 막내딸은 집 안의 사물 중 꽃무늬가 들어간 물건들이 참 많았습니다. 어느 해 가을이었을까요? 낙엽들을 주워 와서 식탁 유리 밑에 쫙 깔아 놓았는데 하얀 눈이 내리는 겨울이 와도 우리 집에는 가을이 한참 동안 머물렀답니다. 1층 정원에는 길상이 방 앞에 대추나무가 있었고, 희상이 방 앞에는 감나무가 있었어요. 가을이면 대추, 감, 모과 열매가 열렸는데, 감나무에서는 끝이 뾰족한 장준감 열서너 개가 초록 감잎 사이에 푸른 얼굴로 숨어 있다가 가을

이면 주홍빛 얼굴을 쏘옥 내밀었지요. 꼭대기에 있던 감은 배고픈 까치가 와서 쪼아 먹기도 했어요. 하얀 울타리 너머로 뻗어 있던 긴 가지의 감은 지나가시던 할머니와 손자가 함께 따가기도 했고요.

검정고양이가 정원에 들락날락하고 살았는데, 어느 해에는 새끼를 다섯 마리 낳아 어미와 함께 새카만 새끼 고양이들이 우리 집 정원에서 살았지요. 조금 넓은 평수의 견고한 아파트에 살았지만, 여기저기 투자를 너무 많이 해서 경제적으로는 늘 부족함이 많았어요. 하지만 책은 좀 많았던 것 같아요. 그 많은 책이 다 어디서 났는지 정말 불가사의했어요. 수많은 책 중에서 박경리 선생님의 토지를 끝까지 완독하며 문학에 대해 더 깊이 눈을 뜨게 된 것 같아요. 박경리 소설가는 내가 세상에서 가장 존경하는 작가가 되었는데, 노벨 문학상을 타지 못한 것이 정말 슬프고 안타까웠습니다. 살림을 하며 문학 활동을 하는 것은 나에게 큰 기쁨을 주기도 했지만, 한편으로는 깊은 외로움이 벌레처럼 스멀스멀 기어들었으며, 창작에 대한 고통이 무엇인지도 알게 해 주었어요.

조 서방은 잘 다니던 설계 회사의 전기 감리를 그만두고, 사업을 시작했어요. 다른 사람과 동업을 했는데요. 엄마, 사업은 아무나 하는 게 아닌가 봐요. 아침 일찍 출근하고 밤늦게 돌아오는 남편을 기다리는 시간은 내 영혼과 육체를 참 많이 지치게 했고, 늘 불이 꺼진 창이었어요. 조 서방이 안정된 직장 생활하기를 원해서 사업하는 걸 만류했지만, 나 몰래 직장을 그만두고 사업을 시작한 지가 꽤 지나 있었더라고요. 그때 사업을 하면서 제대로 된 사기꾼들을 만나는 바람에 우리 집과 땅이 모두 순식간에 날아가 버렸어요. 잃어버린 재물의 양은 아마도 가난한 시인에게는 천문학적인 수치였을 거예요. 사기꾼들의 입이 얼마나 큰지 우리의 넓은 아파트와 지평 땅을 순식간에 꿀꺽꿀꺽 삼켜 버렸지요. 사기꾼들은 아마 하마보다도 더 큰 입을 가졌나 봐요.

하루아침에 아파트와 땅을 사기꾼들에게 모두 빼앗기고 보니 아무 생각을 할 수가 없었어요. 그 순간에 생각이 텅 비고 사고가 멈춰 버려, 꼭 바보가 되어 버린 것 같았습니다. 무엇을 어떻게 해야 할지 갈피도 잡지 못한 채 갈팡질팡한 삶을 살게 되었죠. 갑자기 찾아왔던 그 지옥과도 같았던 경제적 해일과 정신적, 육체적 고통, 그리고 삶의 환란을 어떻게 설명할수가 있을까요? 한창 부모의 사랑과 경제적 지원을 받으며 캠퍼스의 낭만을 누리면서 살아가야 할 두 아들이 무너진 가정경제를 일으켜 보겠다고 새벽같이 나가 아르바이트를 하고 밤늦게 돌아왔습니다. 큰아들 길상이는 대학교 1학년이었고, 작은 아들은 대학 입시를 준비해야 하는 너무나 중요한 시점이었지요. 길상이는 의류 업체에서 아르바이트를 했는데, 먼지가 많은 곳이어서 얼굴에 피부 트러블이 생기고, 좁쌀 여드름이 얼굴 가득 생겼어요. 그래도 길상이는 큰아들답게 책임감을 가지고 가족을 훌륭하게 이끌어 갔고, 작은아들 희상이는 집안의 경제를 체계적으로 질서 있게 정리를 잘해서, 삶의 어렵고 힘든 시간에 커다란 버팀목들이 되어 주었습니다.

가족들이 모두 풍전등화의 삶을 살아가는 동안 우리는 사기꾼을 생각할 겨를도, 미워할 시간도 없었습니다. 익모초(益母草)보다 더 쓰디쓴 나날들 속에 우리의 영혼과 육체가 무너지지 않도록, 하나님께 간절하게 기도를 올려 드렸습니다. 그렇게 지나간 십여 년! 우리 가족을 위한 하나님의 은혜와 사랑으로 잃어버렸던 경제적인 부분들이 조금씩 회복되어 가고 있어요. 엄마, 이 큰 환난을 잘 이겨 내고 있는 막내딸을 위해, 누워 계시지만 다시 한번 박수 좀 쳐 주세요.

엄마가 좋아하시는 외국 여행 이야기를 들려드리고 이 긴 편지를 마칠까 해요. 그동안 조 서방과 몽골 여행을 다녀왔어요. 남편과 시간 맞추기가 무엇이 그토록 어려웠던지, 해외여행을 30년 만에 처음 다녀왔지 뭐예요. 2024년 3월 28일부터 31일까지, 3박 4일의 여정이었어요. 그동안 해외여행을 많이 가 보지 못한 조 서방과 나는 3월 28일에 산더미처럼 커다란 여행 가방과 작은 가방을 끌고 영종도 국제공항으로 갔지요. 비행 시간이 두 번이나 연착이 되어 예정된 시간보다 많이 지연되어 오후 2시에 출발하게 되었어요. 7C J 항공 5203편으로 비행 시간 약 3시간 25분이 걸려 울란바토르 칭기즈칸 국제공항에 도착했는데, 울란바토르 칭기즈칸 국제공항은 생각보다 아주 작은 공항이었고 주변은 허허벌판이었어요. 공항에 도착하니 N 여행사 피켓을 든 몽골인 남자 가이드 도기 씨와 여자 가이드 사르네 씨가 반갑게 맞이해 주었어요.

몽골 패키지 여행 상품으로 한국인만 25명. 인원 점검을 하고서 테를지 국립 공원으로 이동하기 위해 투어 버스를 탔어요. 테를지에서 먹을 간식을 구입할 수 있는 마트를 방문하기 위해 관광버스가 달리고 있었는데, 얼마 달리지 못한 채 버스 브레이크가 고장이 나는 바람에 중간에 서고 말았어요. 그때 창밖에는 검정 빌로드 천을 덮어 놓은 양 새카만 어둠으로 물들어 있었어요. 달리던 버스가 갑자기 멈춰 버려, 도기 씨는 당황해하며 여기저기 차를 알아보기 시작했지요. 그때 우리 일행들은 다른 관광버스를 기다리다가 별을 보기 위해 밖으로 우르르 몰려나왔어요. 어두운 밤하늘에는 잔별들이 수없이 쌍둥이처럼 다닥다닥 붙어 있었고, 길에는 흰 눈이 엄청 쌓여 있어 발이 푹푹 빠졌지요. 몽골은 그때 한겨울이라 칼바람이 얼마나 사납게 불던지, 여행객들은 추워서 밖에 오랫동안 머물지 못하고 다시 고장 난 버스 안으로 들어왔어요. 다른 차를 기다리는 시간은 매우 더디고 지루하기 짝이 없더라고요.

도기 씨와 사르네 씨는 연신 고개를 숙이며 죄송하다는 말만 했어요. 20분 정도 기다리면 다른 차가 온다고 했지만, 그 차는 눈이 쌓인 길을 잘 달리지 못했던지 두 시간이 훌쩍 지나서야 겨우 도착했어요. 우리는 고장 난 차에서 내려 다른 관광버스로 갈아타고 가다가 간식거리를 살 수 있는 마트를 방문했어요. 몽골에 도착해서 처음 방문해 보는 마트에 가 보니 우리나라 슈퍼마켓과 분위기가 비슷했습니다. 조 서방과 나는 마트를 둘러보고, 몽골에서 유명하다는 잣과, 우유와 러시아 사과 한 봉지, 그리고 스폰지 케이크처럼 생긴 빵 한 봉지와 도넛처럼 생긴 빵 한 봉지를 구입했어요.

여행객들은 다시 관광버스를 타고 국립공원에 있는 스타테를지 캠프로 이동했어요. 그곳에 도착하니 밤 8시 30분 정도가 되어서, 조 서방과 나는 게르(ger)[2] 206동을 배정받아 짐을 풀자마자 스타 캠프 식당으로 갔어요. 저녁 식사는 '허르헉'이 나왔는데, 몽골의 유목민이 귀한 손님이나 집안 대소사를 치를 때 내는 음식이라고 하더라고요. 양고기를 야채와 함께 익힌 몽골의 전통 음식이었는데, 식당 사장님은 익힌 감자가

---

2 몽골인들의 이동식 천막집

그렇게 맛있다며 여행객들에게 권유했지만, 저는 허르헉을 도저히 먹을 수가 없었어요. 푸른 초원 위에서 뛰노는 흰 양 떼들을 생각하니 불쌍하고 비위가 상해 도저히 먹을 수가 없었어요. 조 서방과 테이블이 달랐는데, 제가 먹을 허르헉의 분량을 남편에게 더 주었더니 아주 잘 먹더라고요.

저녁 식사를 마치고 숙소로 돌아오니 밤 9시 35분이 훌쩍 넘어 있었어요. 몽골 여행 첫날, 비행기 연착이 두 번이나 되고, 이동 중이던 관광버스가 고장 나는 바람에 하루가 그냥 지나가 버렸어요. 숙소 게르는 하얀 둥근 천막에 나무문이 엉성하게 달려 있었는데, 바깥의 엉성함과는 달리 안에는 난방이 현대적 시설로 잘 갖추어 있었어요. 나무 침대가 네 개나 있었고, 화장실도 아주 깨끗해 무척 마음에 들었어요.

커다란 여행 가방과 작은 여행 가방 안에 있던 물건들을 하나둘 꺼내 놓기 시작했어요. 꼭 필요할 것 같아 물건을 바리바리 챙겨 왔는데, 여행에 써 보지 않은 물건들이 게르 안에 잔뜩 쌓여 있었지요. 그때 밖에서는 어두운 밤과 함께 바람 소리가 벌들이 우는 소리같이 윙윙거리며 불고 있었어요.

몽골에서의 첫날 밤, 게르의 난방이 너무 뜨거워서 문을 열고 자고 싶은 마음뿐이었어요. 남편과 이런 이야기 저런 이야기를 하며 아주 늦게 잠이 들었죠. 아침에 일찍 일어나 스타테를지 캠프 식당으로 가서 한식 뷔페와 함께 구운 토스트에

딸기 잼을 발라 맛있게 먹었어요. 모든 패키지 여행 상품이 그렇듯이, 우리는 시간에 쫓겨서 관광버스에 올라 이틀째 여행을 시작했어요.

칭기즈 칸 건국 기념으로 세워진 거대한 동상인 칭기즈 칸 기마상에 갔는데, 칭기즈 칸 기마상은 대몽골제국 800주년 기념으로 만든 세계 최대 마동상으로 36명의 왕을 상징하는 36개의 기둥으로 세워졌다고 하네요. 칭기즈 칸 청동 기마상은 칭기즈 칸의 고향을 바라보고 있었어요. 어마하게 큰 칭기즈 칸 기마상 주변을 둘러보고 계단을 내려오는데, 칭기즈 칸 기마상을 구경 온 몽골 초등학교 학생들이 배꼽 인사로 아주 정중하게 "안녕하세요!" 하며 한국말로 인사를 해 주었어요. 진정성이 묻어나는 인사였지요. 몽골 아이들은 한국 사람을 아주 신기한 듯 바라보면서 예의 바르고 깍듯하게 인사를 하더라고요. '인사는 이렇게 해야 하는 거구나' 하고 몽골 아이들에게서 진정성 있는 인사법을 마음 깊이 배우게 되었어요.

계단을 끝까지 내려와서 광장에 갔더니, 현장 학습을 왔던 몽골 초등학생들이 한국 사람인 나에게 우르르 몰려왔어요. 열 명이 조금 넘게 다가와서 사진을 같이 찍자며 옆에 나란히 둘러서는데, 순간 나에게 다가온 아이들이 자리를 이탈하여 선생님에게 꾸중을 들으면 어떻게 하나 걱정이 되어 마음속으로 '아이들이 그만 와야 하는데' 하고 생각했어요. 몽골 아이들과 함께 사진을 찍으니까 갑자기 한류 스타가 된 듯이 기분이 우쭐해지더라고요.

사진을 다 찍고 아이들이 제자리로 돌아가니 어느새 점심시간이 되었어요. 점심시간에 누런 개와 검정 개가 어디서 나타났는지 꼬리를 살랑살랑 흔들며 몽골 아이들에게 애교를 떨기 시작했어요. 먹을 걸 달라는 신호였지요. 그 몽골의 개는 커다란 몸집과 우락부락한 생김새와는 다르게 유순하기 짝이 없었어요.

우리는 다시 관광버스를 타고 이동해, 수천 년의 풍화 작용에 의해 형성된 자연이 만들어 낸 조각품이자 테를지 국립 공원의 명물인 '거북바위'에 갔습니다. 그 앞에서 기념사진도 찍고, 선물 가게에 가서 기념품을 구경하다가 캐시미어 양말과 가방 등을 샀어요. 몽골의 과거에서 현재까지의 역사를 한눈에 살펴볼 수 있는 국립 역사 박물관도 둘러보고, 몽골 독립의 영웅인 수흐바타르와 세계를 호령했던 칭기즈 칸 동상이 있는 수흐바타르 광장에서, 여행객들 모두 모여 단체로 기념사진도 찍었어요.

캐시미어 매장에 갔는데 캐시미어 의류와 양말, 머플러 등이 생각보다 너무 비싸서 아이쇼핑만 했어요. 몽골의 유일한

국영백화점은 90년의 역사를 자랑하고 있었는데, 백화점 건물의 지붕 양 끝으로 '1924-2015년'이라고 표시되어 있더라고요. 국영 백화점에 들어가서 조 서방과 아이쇼핑을 하다가 가족과 지인들에게 줄 선물을 샀는데, 몽골 세숫비누와 샴푸, 초콜릿 등을 샀어요. 그리고 나서 다시 테를지 국립 공원에 있는 스타 테를지 캠프 식당으로 돌아와서 저녁 식사를 마치고, 밤 열 시가 넘어 게르 밖으로 별을 보러 나갔지요.

푸른 초원에서 바라보는 밤 별들이 더 아름다웠겠지만, 우리는 겨울의 찬 바람 속에서 모닥불을 피우고 따뜻하게 불을 쬐며 저 높이 하늘로 비춰 주는 스타 캠프 사장님의 랜턴 불빛을 따라 북극성과 오리온, 북두칠성, 카시오페아, 금성 등을 선명하게 볼 수가 있었어요. 한국 우리 동네의 어두운 밤하늘에서는 몇 개의 별들밖에 바라볼 수 없었는데, 국립 공원에 있는 스타 테를지 캠프에서는 수천, 수만 개의 별빛이 찬란하게 빛나기 그지없었습니다.

별들을 구경하고 있는데, 누렇고 커다란 떠돌이 개가 사람을 구경하고 싶었는지, 별빛을 구경하고 싶었는지 어디선가 갑자기 혜성처럼 나타났어요. 그때 저는 별빛을 구경하고 있었지만, 개가 너무 불쌍해 따뜻하게 품어 주었어요. 오랫동안 목욕을 하지 못했던지 누런 개의 긴 털들은 먼지가 잔뜩 묻어 서로 엉겨 붙어 있었는데, 이상하게도 개에게서는 사람을 향한 그리움과 다정함의 냄새가 느껴졌어요. 별빛을 구경하다가 일행 몇몇은 숙소로 돌아가고, 끝까지 남아 있던 조 서방과 저는 스타 테를지 캠프 사장님이 전해 주는 별빛 이야기를 더 듣다가 206동 게르로 돌아왔지요.

수없이 깜박이던 꼬마전구 같은 별들과 떠돌이 개의 잠자리 걱정을 가슴에 끌어안고 돌아오는데, 이게 웬일일까요? 순하고 정이 많던 떠돌이 누런 개가 우리 동 206동 앞까지 쫄래쫄래 따라온 게 아니겠어요? 그때 날씨는 얼음장같이 차갑고 매서운 바람이 불고 있었어요. 날씨가 너무 추워서, 할 수만 있으면 우리 게르 안에서 재워 주고 싶더라고요. 떠돌이 누런 개에게 우리 게르 층계로 올라오라고 손짓을 하자, 개는 조 서방이 무서웠는지 올라오지 않고 옆 동 게르 앞에 누웠어요. 그 모습을 보자 차가운 땅에 누워 있는 개가 너무 불쌍하고 안쓰러워 눈물이 나더군요. 게르 안에 들어와서도 누런 개가 걱정이 되어 잠을 이룰 수가 없었어요. 그래서 한참 후에 개가 잘 있나 하고 문을 열고서 옆 동 게르를 보니 어디로 가 버렸는지 개가 보이지 않았어요. 곰곰이 생각해 보니, '야생의 혹한 추위에 길들여진 개가 더운 게르 안에서 잠을 잘 수가 없었겠구나' 하는 생각이 들더라고요. 눈과 가슴 안에 담아 왔던 별빛과 떠돌이 누런 개를 생각하며 이리 뒤척이고 저리 뒤척이다가 늦게 잠이 들었어요. 다음 날에는 울란바토르 시내 관광을 했는데, 건물과 차량들에 먼지가 아주 많이 묻어 있어 지저분해 보였고, 도로도 정말 많이 막혔습니다. 우리 여행객들은 남양주 거리에 있는 한 식당에서 점심 식사로 맛있는 삼겹살 구이와 된장국을 먹었습니다.

식사 후 관광버스를 타고 이동하여 몽골의 설원 위를 말을 타고 1시간 정도 산책했는데, 여행객을 태운 모든 말들은 힘이 들었는지 눈길 위를 걸으면서 "푸우 푸우" 하며 몸을 한두 번 혹은 두세 번 크게 떨었어요. 끝없는 하얀 벌판 위에서 사람을 태우고 걸어가는 말의 발이 몹시 시려 울 것 같았어요. 그래서 그 순간에 말에게서 당장 내려오고 싶었어요. 승마 체험이 끝나고, 몽골의 전통 유목민이 게르에 초대해 주어 한국 여행객들은 모두 게르 안으로 들어갔지요. 하얀 과자와 따뜻한 수테차를 마시면서 양과 말과 낙타를 몇 마리 소유했느냐에 따라 부자가 결정된다는 몽골 부자에 관한 이야기를 듣는 시간은 낯선 타국 여행객들과 몽골인 사이에서 마치 따뜻하게 데운 우유처럼 마음이 따뜻하게 풀어지는 정겨운 시간이었어요.

다시 차를 타고서 화려한 의상을 입고 몽골의 전통 음악과 춤 등을 보여 주는 국립 극장으로 이동했어요. 거기서 민속 공연도 관람하고 몽골 여행의 로망이라는 푸르공 체험을 하러 갔는데, 산속 좁은 하얀 눈길 위를 요리조리 잘 **빠져나가며** 높은 산 정상에 도착한 푸르공 차가 갑자기 방향을 바꿔 멈춰 섰을 때는 '저 아득한 낭떠러지로 굴러떨어지면 어떻게 하나' 하고 가슴이 조마조마했어요. 아슬아슬한 마음으로 차에서 내린 여행객들은 바람이 몹시 사납게 불고 있는 푸르공 차 지붕 위로 사닥다리를 타고 올라가 팔을 번쩍 치켜들며 기념사진을 찍었지요.

다시 관광버스를 타고 이동했어요. 긴 여행의 피로를 풀어 주는 전신 마사지를 1시간 정도 받았지요. 마사지 후 저녁 식사를 하러 근사한 식당에 갔는데 고급스러운 테이블 위에는 상차림이 미리 세팅되어 있었고, 슬라이스 된 말고기, 양고기, 소고기 세 종류가 나와 샤부샤부를 해서 먹었어요. 저는 소고기 몇 점만 끓는 육수에 데쳐서 야채와 함께 소스에 찍어 맛있게 먹었지요.

저녁 식사 후에는 몽골에서의 마지막 밤을 홀리데이인 호텔에서 편안하게 투숙했어요. 3박 4일간의 몽골 여행을 마치고 비행기에 탑승했는데, 한국에서 몽골에 올 때 걸린 약 3시간 25분의 시간과는 다르게 몽골에서 한국에 가는 시간은 1시간이나 더 빨리 도착했답니다.

엄마, 몽골의 아름다운 여행 이야기 재미있게 잘 들으셨나요? 막내딸은 다시 일상으로 돌아와 거실에 플루메리아꽃 향초를 켰어요. 식탁 위에는 지금 연분홍 촛불이 은은하게 타오르고 있어요. 이 작은 촛불이 집 안을 환하고 따뜻하게 밝혀 주며 향기를 발산해 주고 있네요. 당신은 고요하게 타오르는 한 자루의 촛불이었습니다. 하나님께서 네 딸들을 위해 보내 주신 천사! 그 천사가 킨 사랑의 촛불로 인해 네 딸들의 영혼은 거칠고 험한 세상 속에서 따뜻할 수 있었답니다. 지금은 새벽 4시 56분, '밖이 벌써 밝아 왔나?' 하고 베란다 창가로 나가 보니 식물 발육 등(燈)이 생명의 빛으로 환하게 켜져 있네요.

흰 눈처럼 새하얀 스티로폼 두 박스 안에는 가을 상추가 잘 자라고 있어요. 조 서방이 상추를 좋아하는 나에게 심어 준 거랍니다. 플루메리아꽃 향초이든, 식물의 성장을 위한 식물 발육 등이든, 햇빛과 달과 별이든, 빛이라는 것은 참 따뜻하고 생명력이 있어서인지 참으로 위대하게 느껴지네요. 우리네 딸들에게 비춰 주셨던 그 환한 '엄마'라는 따뜻한 촛불! 길상이, 희상이 외손자들에게 비춰 주셨던 외할머니의 무한한 사랑의 불빛! 그 빛나는 생명의 불꽃을 사랑합니다. 나도 플루메리아꽃 향초처럼 은은하고 환한 부드러운 사랑의 빛이 흘러넘칠 수 있는 엄마가 되기 위해 노력해 볼게요.

엄마, '내 작은 창가에 촛불'이 꺼지지 않도록, 향기로운 촛불이 늘 환하게 켜져 있고 그 향기가 멀리 퍼져 갈 수 있도록 기도해 주세요. 오늘 플루메리아꽃 향초를 켜고서 하나님께 기도드리는 제목이 있어요. 마쓰바라 센코 씨의 가슴에 남아 있는 왜정 시대 때의 친구들이 용서되기를, 막내딸의 가슴에 남아 있는 사기꾼들이 준 커다란 마음의 상처가 치유되기를 위해 하나님께 간절히 기도드립니다. 하나님, 이 땅의 사기꾼들이 남의 소중한 가정을 한순간에 무너뜨리지 않고 선하게 살아갈 수 있으면 좋겠습니다. 이 세상의 지면 위에서 엄마의 얼굴을 오랫동안 뵐 수 있게 장수의 복을 허락하신 하나님께 영광과 높임과 존귀를 올려 드리오며, 영원부터 영원까지 살아 계신 예수님의 이름으로 기도드리옵나이다. 아멘.

송현숙

필명은 송맑은별. 하나님, 성경, 문학, 꽃, 양산, 강아지, 향초, 그리고 아날로그 감성을 좋아한다. 모든 사람들의 영혼의 쉼터가 될 수 있는 글을 쓰면서, 하나님 안에서 순수 문학을 꽃피우고 싶다.

수필
가작

행복한 엄마가 되게 하신 하나님

이은주

***

나는 엄마가 되고 싶지 않았다. 아이가 싫다기보다는 '엄마'라는 거대한 존재가 될 자신이 없었다. '나는 희생정신이 그렇게 강한 사람이 아닌데, 내 앞가림도 잘 못하는 철없는 어른인데, 이런 내가 엄마가 될 수 있을까?' 하는 부담이 있었고, 내이름 세 글자가 없어지고 'ㅇㅇ엄마'로 살아갈 것도 두려웠다. 그리고 그냥 지금 이대로, 결혼하고 남편과 둘이서 지내는 게 편하고 좋기도 했다. 누군가 "너는 왜 아이를 낳기로 했어?"라고 물어본다면, "하나님이 그러라고 말씀하셨잖아. 그러지 않았다면 난 안 낳았을 것 같아"라는 게 솔직한 내 대답이었다. 만약 선택할 수 있는 것이라면, 굳이 힘든 길을 가고 싶지는 않았다.

더 늦지 않게 자녀를 갖기로 결정한 이후, 생각처럼 쉽게 임신이 되지 않았고 기다림의 시간은 점점 길어졌다. 오래 기다리면서 마음이 정말 많이 힘들었다. 언제 찾아올지 모르는 아기를 위해 항상 몸을 조심하는 것도, 생리 주기에 매여 한 달을 사는 것도, '이번에는 혹시?' 하는 희망과 실망을 되풀이하는 것도…. 무엇보다 힘든 것은 기약 없는 기다림이었다. 궁극적으로는 하나님께 달려 있다는 것을 믿었지만, 어디까지가 믿음인지 매우 혼란스러웠다. 임신은 하나님의 복인데, 그걸 허락하지 않으신다는 건 나에게 죄가 있어서인가? 아직 준비가 안 되어서인가? 혹은 다른 일을 해야 할 때라서? 아니면 더 적극적으로 구하고 집중 기도를 해야 하는 건가? 뿐만 아니라, 의학의 도움을 받아도 되는 것인지, 더 기다리는 게 맞는 것인지 여러 가지로 고민이 되었다. 그러다 누군가에게는 병원에 가지 않고 한 번 더 시도하는 것이 믿음의 결단일 수도, 또 누군가에게는 기도하면서 할 수 있는 데까지 노력하는 것이 믿음의 순종일 수 있다고 생각하며, 난임 병원에 가기로 했다.

아이를 낳고 보니, '이렇게 행복한데, 나는 왜 안 낳으려고 했지?' 하는 생각이 들었다. 아이를 낳기 싫고 두려웠던 내 마음은 말씀에 근거한 생각이 아니라, 세상에서 들은 생각과 가치관들에 의한 것이었음을 뒤늦게 알게 되었다.

'크리스천으로서 나는 하나님께서 지금 나(우리 가정)에게 무엇을 원하시는지를 물었어야 했구나. 하나님께서 기뻐하시는 것이 무엇인지, 하나님은 어떻게 생각하시는지, 그리고 이러한 문제들에 대해 성경은 무엇이라 말하는지 살폈어야 했는데….'

분명 아이를 낳아 기르는 건 상당히 수고로운 일이었다. 한 생명을 기르기 위해서는 다른 한 사람이 온전히 희생해야 가능하다는 걸 온몸으로 깨닫기도 했다. 그래도 힘들고 두렵기만 한 일은 아니었다. 오히려 생각하지도 못한 기쁨이 곳곳에 있었다. 갈수록 행복이 더욱 커졌다. 약 2년간의 난임 기간에 마음이 많이 어려웠을 때, 내게 주신 약속의 말씀이 바로 시편 113편 9절 말씀이었는데, 정말 이 말씀대로 '행복한 엄마'가 되게 해 주신 하나님께 감사했다.

"여호와는 임신하지 못하는 여자에게 자녀를 주셔서 행복한 엄마가 되게 해 주십니다. 여호와를 찬양하십시오"(시 113:9, 쉬운성경 역).

자연분만으로 출산하던 날, 남편의 "너무 잘했어. 다음에는 더 잘할 수 있을 거야"라는 어설픈 위로에 정색하며 발끈했던 기억이 난다.

"다음에는? 무슨 다음! 둘째? 둘째 같은 소리 하네!"

하지만 첫째 아이가 클수록 예쁘고 사랑스러워서, 둘째를 생각하게 되었다. 별다른 생각 없이 다시 난임 병원을 방문했고, 그저 빨리 잘 임신 되길 바라는 마음뿐이었는데…. 의사 선생님의 걱정 어린 눈빛과 함께 마주한 결과는 '아기집 4개'였다.

첫째도 있는데, 둘째가 '네 쌍둥이'라니! 이해하기 어려운 상황이었다. 하나님께 "저요? 저한테요? 설마요. 이걸요? 네 쌍둥이요??" 하고 묻고 싶은 심정이었다. 나는 나를 잘 아니까…. 한 아이도 벅차서 겨우겨우 키웠고 그리 잘 키우지도 못하고 있다는 걸 아는데, 집안일도 못하고 엉망진창인 나에게 여러 아이를 동시에 맡기시다니! 아무리 생각해도 믿을 수 없고 받아들일 수 없었다. 그 와중에 나는 '선택 유산'이라는 중대한 선택을 해야만 했다. 태아가 많으면 위험성이 커지기에, 둘만 남기고 제거하는 시술이랬다. 8주 차 꼬물거리는 젤리곰 같은 아가를 인위적으로 없애야 한다니…. 임신의 기쁨보다는 충격과 당황스러움, 그리고 커다란 슬픔을 맞이했다.

아이를 기다리는 간절한 시간들을 기억하고 있는 나로서는, 나에게 찾아온 생명을 떠나보내는 결정을 차마 내릴 수 없었다. 하지만 그렇다고 마냥 받아들일 수 없는 무거운 현실이었다. 두 살 터울인 첫째와 네 명의 신생아를 동시에 키운다는 것도 상상할 수 없었고, 당장 네 아이를 품고 출산하기까지도 큰 문제였으니까 말이다. 양가 어른들도 매우 걱정하며 함께 기도해 주셨다. 물론 "아직 작을 때, 위험하지 않게 시술할 수 있다면 해야 하는 것 아니냐" 또는 "저절로 없어지면 좋겠다. 하나님이 알아서 없애 주셨으면…" 하고 말씀하시긴 했지만….

남편과 오랜 시간 이야기를 나누고 기도하기를 반복했다. 그러다 문득 남편이 "사실, 답은 이미 있잖아. 있는데, 현실적으로 감당할 수 있느냐의 문제 같아"라고 말했다. 나는 그때 정신이 번쩍 들었다. 내가 어떤 결정을 내려야 하는지 아주 선명해졌다. 첫째 아이를 임신했을 때, '생명 존중'을 주제로 하는 특별 새벽 기도회에서 들은 말씀들이 떠오르기도 했다. 지금 생각해 보면, 이전에 들었던 말씀들이 쌓이고 겹치면서, 하나의 방향을 제시해 주었던 것 같다.

선택 유산의 결정을 해서 알려야 하는 그날까지도, 남편이나 그 외 가족들은 아무도 내게 어떻게 할 건지 묻지 않았다. 모두 나에게 최종 결정을 맡겨 준 것 같았다. 그날 아침, 우리 아빠가 나에게 메시지를 보냈다.

"공주, 힘들고 어려워도 우리 딸은 잘할 수 있다고 믿는다. 사랑한다, 공주. 아빠가 기도할게."

내가 어떤 선택을 하든 나를 지지해 준다는 느낌을 받았다. 마치 하나님 아빠의 사랑과 위로처럼 따스했다. 그 당시에 나를 바라보는 하나님 마음도 그러셨던 것 같다.

"주야, 힘들어도 잘해 낼 수 있을 거야. 우리 딸 믿는다. 사랑한다. 앞으로의 그 모든 시간도 함께할 거야."

네 태아 임신에 안정기란 없었고, 늘 불안했다. 말씀을 읽고 기도하며 감사하는 것은 아주 잠깐이었고, 다시 두려움에 휩싸이곤 했다. 어느 날에는 새벽 기도 가서 그냥 눈물을 쏟았다. 벌써 힘들어하는 게 죄송하고 부끄러우면서도, 부담되고 막막하고 어찌할 줄 모르는 내 모습 그대로였다. 그리고 약 한 시간 뒤, 양수가 터졌다. 뱃속의 아가들은 아직 고작 17주였다. 급히 119에 전화해서 구급차를 타고 대학병원에 갔다. 너무 당황스럽고 놀랐지만, 새벽 기도 시간을 떠올리면서 마음을 다독였다. 그런데 양수가 터졌다기에는 감염 수치도 없고 남은 양수량도 많아서 이상하다고 했다. 우리 부부는 그 상황을 '은혜'라고 쉽게 받아들일 수 있었지만, 의료진의 입장은 다르다 보니 회진 돌 때마다 그저 "지켜보자"라는 말뿐이었다.

몇 주가 지나도 별 다른 설명도 없이 지켜보기만 했다. 그러다 보니 몸도 마음도 점점 지쳐 갔다. 그러다 어느 순간 "최악의 경우 세 명을 위해 한 명을 선택 유산 해야 할 수도 있는데, 할 거냐?"라는 말을 들으며 마음이 굳게 닫혔다. 모든 아이를 품기로 결정했었고, 나에게 이 아이는 더 이상 살릴까 말까의 고민거리에 해당하지 않았기 때문이다. 지금 이미 함께 삶을 동행하고 있는 아이인데….

또다시 이런 이야기를 듣고 싶지 않았던 나는 고민 끝에 다둥이 전문 교수님이 계시는 서울대병원으로 전원했다. 그 교수님은 여러 인터뷰를 통해 다둥이 임신에 관해 "선택 유산을 하기보다는 아이들에게 기회를 주자"라고 말해 주셨고, 내가 선택 유산을 하지 않는 결정에도 영향을 주신 분이었다.

언제가 될지 모르는 '출산'까지가 내 입원 기간이었다. 대구에서 서울까지 면회를 올 수는 없었기에, 그리운 첫째 아이와도 퇴원 전까지 만날 수 없었다. 그래도 나는 서울에서 입원하고 있는 동안 하나님께서 나와 이 아이들을 가장 안전한 곳에 두셨다고 믿고 감사하며 가능한 한 씩씩하게 잘 보내려고 노력했다. 몇 번의 진통과 여러 고비를 지나, 더 이상 육체도 정신도 한계라는 게 느껴질 때쯤, 새벽 응급 수술로 아이들을 만났다. 27주 3일로 태어난 네 명의 아가들은 모두 1kg도 되지 않는 초미숙아였지만, 그래도 건강한 편이었다. 적어도 며칠 후 흉부외과 교수님과의 면담을 하기 전까지는 그랬다.

가장 마지막에 뒤늦게 생긴 '네 번째 아기집'은 가장 밑에 자리 잡았고, 위치상 첫째가 되었다. 자연 도태가 될 수 있다는 말을 들은 것도, 알아서 떠나 줬으면 했던 것도, 양수가 터진 것도, 몇 번이나 선택 유산을 권유받은 것도 그 아이였다. 계속해서 삶과 죽음의 경계에서 잘 버텨 준 그 아이가 넷 중 유일한 아들이어서 우리는 '기적의 아들'이라고 불렀었는데…. 바로 그 아이의 심장에 선천적 기형이 있었다.

좌심실 형성부전 증후군(Hypoplastic Left Heart Syndrome). 이름도 길고 어려운 이것은 정상 분만아의 경우에도 수술하지 않으면 일주일 이내 사망에 이르는 심각한 수준의 기형이라고 했다. 게다가, 우리 아들은 체중이 너무 적어서 수술 대상조차 되지 못했다. 최소 2kg는 되어야 수술을 고려할 수 있는데, 그 정도로 크려면 최소 한 달 이상은 걸리고, 한 달까지 버틸 가능성은 없다고 했다.

'수술을 하지 않으면 살 수 없는데, 수술을 할 수 없다?'

그 당시에는 바로 알아듣지 못했다. 하지만 그 말은 사실,

머지않아 이 아이는 사망할 것이니 마음의 준비를 하라는 말이었다.

그로부터의 날들은 참 길고 슬프고 아픈 시간들이었다. 생후 9일 차, 아기의 혈압이 갑자기 떨어졌다. 그리고 소변을 보지 못하고 있다고 했다. 이 두 가지 징후는 아기의 컨디션이 상당히 좋지 않음을 시사하는 것 같았다. 의사 선생님은 처음부터 이미 예상했던 일인데 그게 지금 찾아왔을 뿐이라고, 앞으로는 나빠질 일만 남았다고 말해 주셨다. 당장 오늘 밤이 될 수도 있고, 임종의 신호가 보이면 언제든 새벽이라도 바로 연락을 주겠다며 전화를 끊는데, 눈물이 쏟아졌다. 마음이 깨지는 것 같았고 현실감이 없었다. 아프고 슬펐지만 울고만 있을 수 없어 무릎을 꿇었다. 기도를 하고, 기도를 부탁했다.

마음을 단단히 먹으라는 것도, 어떻게 되든 하나님의 뜻이라는 것도, 주신 것이나 가져가신 것 모두 감사라는 것도, 하나님의 생각은 우리와 다르다는 말도 나는 가만히 듣고 있을 수 없었다.

'왜 지금 끝났다고만 생각하지? 왜 미리 나를 위로하지?'

나는 이 아이가 수술할 수 있기까지 잘 버티게 해 주시라, 아니면 수술하지 않고도 고쳐 주시라 '기적'을 위해 기도하는데,

아무도 나와 같은 마음으로 기도해 주지 않는다는 게 슬펐다.

'하나님의 뜻이면, 언제든 무엇이든 다 받아들이는 것만이 크리스천이 가질 수 있는 모습인가?'

나는 이런 순간에도 그저 "하나님의 뜻대로 되길 바랍니다"라고 정중하게 기도하는 것이 믿음이라고 생각하지 않았다. 정직하게 내 필요를 구하는 것, 마지막까지 바짓가랑이 붙잡고 기도하는 것이 믿음이라고 생각했다. 엄마인 나는 자녀의 생명을 위해 기도하는 게 마땅한 일이니까, 하나님께서도 이런 내 마음을 이해하실 거라 믿었다. 오히려 하나님은 내가 끝까지 아이를 위해 기도하는 것을 기뻐하실지 모른다고도 생각했다.

나는 기도에 관한, 또는 하나님의 성품과 능력에 관한 여러 약속의 말씀들을 붙잡고 기도했다. 최선을 다해 기도했고, 믿음을 갖고 기도했다. 그리고 정말 마지막의 마지막까지도 기도했다. 연락이 오던 그 전날 밤에는 자다가 몇 번이나 깨면서, 깰 때마다 기도했던 기억이 난다. 심정지가 왔고, 더 이상 소생되지 않으며, 이제는 CPR을 중단하겠다는 말을 듣고서 병원으로 가는 길에도 계속 기도했었다. 혹시라도, 언제 어떻게 기적을 행하실지 모르니까….

하지만, 결국 내가 기도하고 바라던 '그 기적'은 일어나지 않았다. 시간상 이미 숨을 거두었을 시기였는데, 주치의 선생님께서 무엇은 멈추었는데 무엇은 멈추지 않았다고 하셨던 것 같다. 그런 상태여서 우리가 오기까지 사망 선고를 하지 않고 조금 기다렸다며, "아이가 우리를 기다린 것 같다"라고 말해 주셨다. 그리고 마지막으로 아기를 안아보고 내려놓으면 그때 사망 선고를 하겠다고 하셨다. 나는 퉁퉁 부은 아이를 보는 마음이 많이 아팠고 아무 말도 하지 못했다. 이미 아이가 천국으로 떠났다고 생각했어도 사랑한다고 말할걸. 들을 수 있는지 없는지 모르지만 고마웠다고 할 걸. 더 이상 마주할 수 없는 네 존재가 없어지기 전에, 큰소리로 한번 소리라도 쳐 볼 걸. 하지만 나는 아쉬움이나 미안함, 이런 마음을 갖는 것조차 감히 할 수 없는 존재였다. 아무것도 해 준 것도, 더 이상 해 줄 수 있는 것도 없었기에…. 아이의 '엄마'라는 이름을 갖기도 미안했기에….

간소하게 장례식을 치르면서, 조용히 아이와 함께한 짧은 기억을 흘려보냈다. 아이를 먼저 보낸 아픔과 슬픔은 너무나도 커서 다 감당할 수 없었다. 시간이 필요했지만, 시간이 지나도 해결되는 것 같지 않았다. 시간이 지나면 괜찮아지는지, 그저 잊고 빨리 털어 버리는 게 좋은 건지, 마치 없었던 일인

듯 살아가도 되는 건지, 나마저 아이의 기억이 흐려지면, 아이가 너무 슬프지는 않을는지 혼란스러웠다. 왜 최선을 다한 내 기도에 응답하지 않으셨는지, 왜 누군가에게는 치료의 기적을 베푸시면서 우리 아이에게는 그러지 않으셨는지, 사람들이 그렇게나 나를 위로하던 '하나님의 뜻'은 도대체 무엇인지, 내가 이해할 수 없는 것도 참 많았다. 그렇지만 "우리 시온이 그동안 제일 기도 많이 받고 갔다"라는 말을 들으며 마음에 위안이 되었다. 당시에 우리 아이들을 위해 가족들에게뿐만 아니라 교회에서도 기도 제목을 나누었고, 전교인이 함께 기도해 주었다. 민망하고 싫기도 했지만, 극동방송 라디오에 몇 번이나 사연을 보낸 이모 덕분에 더 많은 분의 기도를 받았던 것도 감사했다. 아무것도 할 수 있는 것이 없었지만, 내가 할 수 있는 최선으로 아이를 사랑했다는 것이 다행스러웠다.

'맞아, 너를 유산시키지 않기를 참 잘했지. 너를 만날 수 있어서, 너의 예쁜 눈과 미소를 기억할 수 있어서 좋았어. 너의 손을 잡을 수 있어서, 안아 볼 수 있어서 좋았어. 나에게 와 주어서, 뱃속에서 숨을 거두지 않고 세상으로 나와 주어서 고마웠어. 고맙고 사랑해, 시온아.'

계속해서 하나님께 나아가, 계속해서 받은 하나님의 위로와 위로의 그 끝에는, 하나님께서 우리 시온이를 얼마나 사랑하시는지 그 마음을 볼 수 있었다. 하나님이야말로, 나보다 훨씬 더 많이, 정말 많이 우리 시온이를 사랑하신 것이 믿어지면서, 더 이상 그 아이를 향한 아픔과 슬픔에 갇혀 있지 않기로 했다.

나는 20일 동안 중환자실에 있다가 떠난 그 아이의 의미를 모른다. 천국에 갈 때까지 영영 모를지도 모른다. 그래도 억지로 의미를 부여하거나 해석하고 싶지 않다. 내가 아는 것은 하나님은 선하신 분이고, 나를 너무나 사랑하신다는 것. 그리고 내가 믿는 것은 하나님께서 우리에게 가장 좋은 것을 주셨다는 것이다.

네 명의 존재를 알게 되고 선택 유산을 권유받은 그날, 몇 번이고 반복해서 들었던 찬양이 있었다. 그때는 의지적으로 믿고 되뇌었던, 그리고 지금까지 우리 아이들을 보며 늘 고백하는 가사이다.

내 모든 삶의 순간

주께서 주신 선물

나에게 가장 선하게

아름답게 물들여 가시네

– HisWill의 〈모든 삶의 순간〉 –

하나님께서 나를, 또 우리 아이들을 지으신 것이 정말 놀랍다. 너희의 존재 자체가 기적이라고 늘 말해 주고 싶다. 모태에서 지으시기 전에 아신 분, 어머니의 배에서부터 택하신 분, 태어남으로부터 안고 업으신 분. 그분이 너희의 하나님이시라는 것도….

첫째와 세쌍둥이를 기르며 늘 손이 부족하고 정신없었다. 힘겨운 순간들도 많았다. 그래도 내가 가장 많이 하는 생각은 '행복하다'였다. 아이들과 함께 있는 이 순간의 행복을 놓치고 싶지 않았고, 이 모든 것을 허락하신 하나님께 대한 감사를 멈추고 싶지 않았다.

약속하신 말씀(시 113:9)대로 '행복한 엄마'가 되게 하신 하나님께 감사하다. 나의 모든 시간에 함께해 주셔서 감사하고, 모든 순간을 선물로 주셔서 감사하다.

이은주

네 자녀와 함께 가정예배로 삶을 키워 가는 엄마. 성경적 가치관을 품은 그림책 글 작가를 꿈꾼다.
@christian.writer.mary